新型城镇化后农村人口发展模式与内在机理研究

——以四川省为例

张　果　曾永明　等著

科学出版社

北　京

内 容 简 介

　　中国显著"城市倾向"的城镇化发展过程抽走了农村优质要素，产生了一系列农村发展问题。该过程在人口学上的特点是进入城市的农村人口（农民工）和留守农村人口发展都面临困境。本书以新型城镇化和新农村建设为背景，研究了我国农村人口发展问题。本书分为9章，其中主要内容包括四川省农村人口现状引发的城镇化与新农村建设的矛盾、城乡一体化过程中农村人口转移的不完全性及其博弈分析、新型城镇化与新农村建设过程中农村人口发展机制、四川省农村及农村人口发展典型模式探索等。

　　本书可供人口学、人文地理学、社会学、农业经济、农业经济管理等专业的研究生以及相关管理人员参考。

图书在版编目(CIP)数据

新型城镇化后农村人口发展模式与内在机理研究：以四川省为例 / 张果等著. — 北京：科学出版社，2016.10
　　ISBN 978-7-03-050139-4

　　Ⅰ.①新… Ⅱ.①张… Ⅲ.①农村人口–城市化–研究–四川
Ⅳ.①C922.2②F299.277.1

中国版本图书馆 CIP 数据核字（2016）第 235945 号

责任编辑：杨　岭　杨悦蕾 / 责任校对：杨悦蕾
责任印制：余少力 / 封面设计：墨创文化

科 学 出 版 社 出版
北京东黄城根北街16号
邮政编码：100717
http://www.sciencep.com

成都锦瑞印刷有限责任公司印刷
科学出版社发行　各地新华书店经销

*

2016 年 10 月第　一　版　　开本：B5（720×1000）
2016 年 10 月第一次印刷　　印张：10
字数：200 千字
定价：60.00 元
（如有印装质量问题，我社负责调换）

前　言

在政府主导的城镇化过程中，中国城镇规模和数量快速发展。农村优质劳动力的过度外流使农村人口相对老龄化和女性化，不利于农业生产和新农村建设。农村地区仅留守一些弱势群体，这一群体难以担当现代农业发展和新农村建设的重任，农村优质劳动力不足已成事实。城乡分割的发展方式使中国可持续发展面临瓶颈，遂有迟来的新农村建设和新型城镇化，但几年的实践表明，中国一些地区新农村建设未达到预期目标，效果并不明显，原因是当前政府主抓的依然是新型城镇化的快速推动，而新农村建设有再一次被滞后的可能。

城乡分割的发展方式也影响到农村人口发展。改革开放以来取得的成就表明，人口红利是中国高速发展的主要原因之一。可是中国人口红利的享受者过多集中在城市，农村及农村人口是人口红利的主要创造者但发展严重滞后。不仅如此，城乡人口红利的分配不均致使农村家庭人口分离化：一方面，农村家庭的优势劳动力人口在城市从事低端职业，农村大学生在另一个城市求学或就业；另一方面，农村家庭弱势人口在农村艰难驱动着新农村建设和现代农业发展。家庭人口分离化致使农村社会的细胞——农村家庭分裂在不同的空间，产生了一系列农村社会问题。

作者以中国农村人口面临的困境和发展路径为主线，在摸底调查四川省农村人口发展现状的基础上，重点论证了四川省农村人口现状引发的城镇化与新农村建设的矛盾、福利经济学视角下城乡一体化过程中农村人口转移的不完全性及其博弈分析、新型城镇化与新农村建设过程中农村人口发展机制等几个比较关键的论述，同时总结了四川省农村人口发展的典型模式，并提出了几点推进农村人口发展的建议性对策。本书结合了前人的研究成果，也系统地融入了作者自己的认识和见解。

本书分为 9 章，第 1 章介绍研究背景和意义；第 2~4 章分别介绍四川省农业、农村和农村人口发展状况问题的研究，其中重点对农村人口构成、规模分布、从业结构、生存状况进行基本判断，对农村人口面临的困境进行分析，梳理了四川省农村人口的生活、生产和发展问题，对新型城镇化后农村人口预期判断；第 5 章研究新型城镇化后农村人口与新农村建设的矛盾体系，包括农村优质生产要素外流与农村生产要素匮乏，现代农业发展与土地撂荒、耕地侵占，新型城镇化的快速推动与新农村建设的滞后，幸福家庭的构建与农村劳动力、劳动者、劳动者家庭的"三分离";第6章从福利经济学角度阐释了城乡分割发展的后果和城乡一体化的理解偏误后果,揭示了我国农村人口转移不完全性和农村人口"三分离"的机理;第7章对新型城镇化内涵进行鉴定,着重探索新型城镇化与新农村建设内在机理、包括优势农村人口(人力资源)单向驱动城镇化发展的内在机理、新型城镇化后弱势农村人口(人力资源)艰难驱动新农村建设(现代农业发展)的内在机理、新农村建设和新型城镇化共同繁荣发展的双向互动内在机理;第8章总结了四川省农村及农村人口发展典型模式,将四川省新型城镇化农村(人口)发展模式分为快速推进地区"平原模式"、积极稳妥推进地区"丘陵低山模式"、一般推进地区"高原山地模式";第9章对未来农村人口发展提出了几点参考性建议。

本书的编写由张果主要负责(第5、7、8章),曾永明负责第6章,参编的人员主要有任平(第1章)、苏建明(第2章)、罗岚(第3章)、李晓梅(第4章)、吴贵蜀(第9章);张果所带研究生祁雪、卫言、汪正洲、李文婷、张春艳、王群、张租丹、刘宗鑫、张志丹、江文芹等对本书的编写也做出了非常大的贡献,特别是实地调查、数据处理和统计分析、图表制作等。本书也得到了四川省卫生和计划生育委员会及多个基层调研地点有关单位的极大支持,更得到了调研对象及其所在社区、村委的理解和支持。在此对上述人员表示感谢。最后还要感谢教育部人文社会科学基金项目"新型城镇化后农村人口发展模式与内在机理研究——以四川省为例"(编号11YJA840030)对本书出版的支持。

值得强调的是,本书参考了大量文献著作,因篇幅有限,书中并未一一列出,在此向原作者表示歉意和感谢。尽管本书凝聚了全体参与人员的心血,但由于作者能力和学术视角的限制,书中难免有疏漏不足甚至偏颇错误之处,恳请读者批评指正。

目　　录

第 1 章　研究现状述评及研究意义

1.1　研究背景

进入 21 世纪以来，我国经济社会进入了新的发展阶段，特别是中国制造在世界市场的唱响，我国东部沿海地区面向世界市场，发展劳动密集型的加工工业，一方面凭借廉价劳动力聚集资本为产业升级打下了基础，另一方面解决了大批农村剩余劳动力的就业问题，增加了农民收入。在该阶段，我国社会结构和经济水平也有了长足的发展，在国家城市建设政策的大力支持下，一大批城市在建设规模、人口规模等方面都获得了长足的发展，农村人口的数量和构成也发生了巨大变化。在这个过程中，我国的城镇人口比重达到 53.73%[①]，城市的高速发展表现在经济水平、经济总量和居民收入的大幅提高，而与之对应的是农村经济和社会发展的相对停滞。城市与农村之间发展不平衡的问题已经严重影响了中国现代化的进程，对城市化的进程也形成了阻碍。就农村与城市关系的本质而言，农村哺育了城市，农业哺育了工业。工业因农业的发展而发展，城市因乡村的繁荣而繁荣，城乡之间应该建立起良性互动的关系。

就我国经济建设的迅猛发展势头和改革开放取得的丰硕成果而言，我国具备了经济、社会转型的良好机遇。抓住经济转型期的特殊发展机遇，改变城市和农村发展水平悬殊和农村产业基础薄弱的现状，关系到我国经济社会发展的大局和中国特色社会主义建设事业的成败，因此，党和国家在重视城市化进程的同时十分重视农村的发展问题。特别是实施西部大开发战略及承接东部地区产业转移的大好发展契机，为人们提供了解决城乡统筹发展、加快城市化的优越社会经济环境。四川省是农业人口大省，一直以来，人多地少的矛盾十分突出。据 2014 年四川省国民经济和社会发展统计公报报道：四川省常住人口为 8140.2 万人，城镇人口为 3768.9 万人，占 46.3%，乡村人口为 4371.3 万人。同 2000 年第五次全国人口普查相比，城镇人口增加 10081682 人，乡村人口减少 12954417 人，城镇人口比重上升 13.49 个百分点。按照"十二五"规划目标，人口总量达 9200 万人，人口城市化率达到 48%，全省需要转移的农村人口为 800 万~900 万人，年平均为 160 万~180 万人，相当于再造一座成都市的人口。2006~2010 年，四

---

①数据来源于 2014 年《中国统计年鉴》。

川省的城市化率年均增长约为 1.17%，城市人口年增长约为 100 万人。要顺利完成"十二五"规划的人口目标，必须加快农村人口城市化步伐。同时，农村的发展和繁荣可以稳固区域经济基础，并为城市发展提供动力。研究农村人口现状，探讨农村人口的发展机理，加快农民工市民化模式的探索，对区域现代化和城镇体系的发育有着十分重要的意义。

1.1.1　中国"三农"问题的突出背景

解决农村问题一直是中国特色社会主义事业成败的关键。中国农村政策体系建设和改革虽然孕育促生了局部范围的繁荣，但在国际资本主义现代化农业和国内强势工业产业市场分配的双重挤压下，中国农村和农业处在破产的边缘，孕育着严重的社会、经济和政治危机。中共中央一直高度关注农业、农村和农民问题，并适时探索解决"三农"问题的新观念和新思路。在新的社会经济形势下，本着"实事求是"探索真理的作风和科学发展的指导思想，十六大后，一系列高层会议和政策举措已勾勒出中央新领导集体对"三农"问题施政思路的概貌，体现了新农村建设中面临的问题和担负的任务以及发展方向的重大调整。

2003 年 2 月 8 日，《人民日报》用第 2 版一整版篇幅，刊登了温家宝的文章《为推进农村小康建设而奋斗》。这篇文章是温家宝在 1 月 7 日中央农村工作会议上的讲话，可以看出"三农"问题在时任领导集体整个施政战略中具有前所未有的分量，并且一种新的思路和施政理念正在逐步形成。这次农村工作会议中央特别重视，胡锦涛、温家宝以及曾庆红、黄菊、李长春都出席了会议，显示了时任中央领导对"三农"问题的重视程度。会议文件对"三农"问题的提法有了新的表述，称其为"全党工作的重中之重"，而此前的提法是"把农业放在国民经济发展的首位"、"加强农业基础地位"。

2008 年 10 月 12 日，十七届三中全会在北京闭幕。全会听取和讨论了胡锦涛受中央政治局委托作的工作报告，审议通过了《中共中央关于推进农村改革发展若干重大问题的决定》，并提出了农村改革发展基本目标任务。"三农"问题，已经成为中国改革的焦点问题。

2010 年中央一号文件对农业农村工作的总体要求：深入贯彻落实科学发展观，把统筹城乡发展作为全面建设小康社会的根本要求，把改善农村民生作为调整国民收入分配格局的重要内容，把扩大农村需求作为拉动内需的关键举措，把发展现代农业作为转变经济发展方式的重大任务，把建设社会主义新农村和推进城镇化作为保持经济平稳较快发展的持久动力，按照稳粮保供给、增收惠民生、改革促统筹、强基增后劲的基本思路，毫不松懈地抓好农业农村工作，继续为改革发展稳定大局做出新的贡献。

习近平总书记有关"三农"的一系列重要论述,对解决新的历史条件下的"三农"问题有很强的针对性,对于推进当前和今后我国"三农"事业,乃至全局的发展都有重大的意义。2013 年,《中共中央关于全面深化改革若干重大问题的决定(讨论稿)》中指出:城乡发展不平衡、不协调是我国经济社会发展存在的突出矛盾,是全面建成小康、推进社会主义现代化必须解决的重大问题;改革以来,我国农村面貌发生了巨大变化,但城乡二元结构没有根本改变,城乡发展差距不断拉大的趋势也没有根本扭转。要解决这些问题,必须推进城乡发展一体化。2015 年 4 月 30 日,中共中央政治局第二十二次集体学习时的讲话中提到:推进城乡发展一体化要坚持从国情出发,从城乡发展不协调和二元结构现实出发,从自然禀赋、历史文化传统、制度体制出发,既要遵循普遍规律,又不能墨守成规。

1.1.2　农村留守人口特殊群体问题的突出背景

城乡二元社会制度在中国一直存在,这种城乡分割直接的表现就是城乡经济差异,城市繁荣的拉力吸引着大规模农村剩余劳动力流入城市,于是农村人口开始群体分化,农村剩余劳动力中那部分优势群体流入城市务工,称为"农民工";剩余部分多为农村弱势人口,主要包括老人、妇女和儿童,称为"农村留守人口"。遗憾的是,在农村是优势群体的农民工在城市却无可争议地成为典型的城市弱势群体,甚至好不容易培养出来的农村籍大学生同样不容乐观,中国的这一事实与 Jorgenson、Todaro、Lucas 等研究将农村劳动力能够自由流入城市的理论模型相左,即中国的城镇化因城乡分割的政策限制表现出滞后特征,也即城乡分割使得农村人口群体分化。

特别是 20 世纪 80 年代以后,伴随着现代化进程步伐的不断加快,农村剩余劳动力开始大规模转向城市,然而不同于西方国家城镇化,中国农村劳动力大量流向城市务工却很少能成为市民。农民大规模外出务工,常年在外,于是农村出现了大量人口分离下的留守人群。这些年来,正是这些辛勤劳作的妇女和老人支撑着农村的发展,他们对新农村建设起到了不可磨灭的作用。但是,农村地区留守的弱势群体,使得农村劳动力女性化、老龄化等问题十分突出,从而也使得他们难以承担起新农村建设的责任。从 2006 年我国开始开展新农村建设以来,基本都是由农村弱势人口艰难地驱动着新农村的建设和现代农业的发展,使得新农村建设和现代农业发展实质上发生了扭曲。

1.1.3　四川省城镇化水平滞后、质量不高的事实

尽管四川省城镇化发展很快,但人口城镇化依旧处于全国较低水平。一是从

全国来看,四川省的城镇化仍然处于落后水平,根据全国第六次人口普查数据公报,我国内地 31 个省、自治区、直辖市和现役军人的人口中,居住在城镇的人口占全国总人口的 49.68%,居住在乡村的人口占全国总人口的 50.32%,四川省目前的城镇化水平只有 40.18%,同全国的城镇人口占总人口的比例 49.68% 相比,四川省的城镇化水平远低于全国水平;二是与东部发达省市或西部部分省市相比也有差距,2010 年第六次人口普查数据也显示,四川省以城市人口比重表示城镇化率排在全国第 25 位,仅为上海、北京、天津等城市城镇化率的 1/2 左右,甚至低于宁夏、青海、新疆这些西部经济较落后地区。同时,2000~2013 年,全国城镇化率从 36.2% 上升到 53.70%,提高了近 20 个百分点,而四川省在这 14 年时间里,城镇化率从 26.69% 上升到 44.90%,始终与全国平均水平保持 9 个百分点左右的差距,由此可见,加快四川省的城镇化进程十分必要。

此外,在四川省城镇化进程中存在着较多的问题。一是城市结构不够合理,区域内城市规模和级别不能满足带动区域经济发展的要求,没有形成区域关联度高、分工合理的城镇体系,特别是缺乏中等城市及区域副中心城市;二是城镇化发展不均衡,地区间差异性大;三是城市功能水平低,吸引和辐射半径小;四是小城镇建设过于分散、规模过小,建设水平低,真正具有特色的中心城镇少,对乡村经济的带动作用未能形成。

1.1.4　统筹城乡发展为农村发展带来新契机

城镇化发展的不同阶段,其侧重点是不同的。在其启动和快速发展时期,城市的吸引和聚集作用处于主导的地位。其后,城镇化以城市对农村的扩散和辐射作用为主。而在城镇化平稳发展阶段,人口和产业在城市和农村之间的转移则处于一种均衡状态。统筹城乡发展符合这一客观规律,结合了我国城乡二元结构突出的问题,把城市和农村一起纳入新型城镇化范畴,将两者的统筹发展作为新型城镇化的一条基本原则。统筹城乡发展,就是要把城市与农村、农业与工业、农民与市民作为一个整体,纳入整个国民经济与社会发展全局之中进行统筹策划,充分发挥工业对农业的支持和反哺作用,城市对农村的辐射和带动作用。

四川省成都市推进统筹城乡发展始于 2003 年,于 2007 年被批准为国家统筹城乡配套改革试验区,为其在改革"深水区"进一步"试水"创造了更加宽松的政策环境。成都农村产权制度改革正是在这一背景下于 2007 年开始"破茧而出"。特别是 2008 年 1 月 1 日,成都市委出台的"一号文件"——《关于加强耕地保护,进一步改革完善农村土地和房屋产权制度的意见(试行)》及之后有关集体林权制度改革、社会保障、农业保险、工商登记、农村金融、村级组织管理体制改革等一系列配套文件的出台,掀开了一场不事张扬但影响极其广泛且深远的改革大戏，并结合"5·12"汶川大地震灾后重建深入推进。

成都是典型的大城市和大农村结构，是中国经济社会结构的一个缩影，其发展模式是典型的大城市带动大农村。作为统筹城乡发展改革试验区，成都在发展新型城镇化的过程中，以户籍制度为突破口，推进就业制度、教育制度、社会保障制度、基础设施建设、公共服务一体化等方面的改革，促进公共资源在城乡人口之间能够满足均等享有。切实做好"以工带农"，从资金、技术、人才、信息等多方面、多渠道扶持农业；切实做好"以城带乡"，加快中心城市和城市群建设，以其辐射带动作用来推进农村经济发展。成都的统筹城乡实验为四川省全面铺开统筹城乡发展构建了经验道路，为四川省农村发展带来新的契机。

1.2 研 究 意 义

《中共中央关于制定国民经济和社会发展第十二个五年规划的建议》中明确提出："在工业化、城镇化深入发展中同步推进农业现代化，是'十二五'时期的一项重大任务，必须坚持把解决好农业、农村、农民问题作为全党工作重中之重，统筹城乡发展，坚持工业反哺农业、城市支持农村和多予少取放活方针，加大强农惠农力度，夯实农业农村发展基础，提高农业现代化水平和农民生活水平，建设农民幸福生活的美好家园"。

1.2.1 解决农村人口问题关乎能否承担传统农业向现代农业转型的历史重任

传统农业与现代农业的区别是生产低效率、产业低收益、人均低产出和生产高效率、产业高竞争优势、人均高产值的强烈对比。现代农业在资金投入上，资本密集，运转高效；在技术投入上，生产技术含量高，贯穿整个生产过程，管理技术先进；在人力投入上，需要在研发、技术应用、生产操作等各个环节高、中、低层次的技术人力支持；在市场运作上，需要专业的信息收集、处理以及策划和执行的人员和组织。可见，现代农业更像是一个高科技的农业产业综合体，其发展甚至有着比现阶段工业企业更高的人才要求。完成传统农业向现代农业的转型，意味着农业将与工业等其他产业站到同一发展起点，意味着农村大发展局面的开端。这一转型的历史重任需要热爱农村、具备农业专业所长的各个专业的人才投入到现代农业建设中来，而现代农业的主阵地在广大农村，所以农村人口的结构和发展状况至关重要。农村人口的教育发展过程、受教育程度以及全面素质的提高决定着现代农业的成败。另外，传统农业向现代农业的转型也是我国经济社会转型大局的重要组成部分，农业现代化是社会主义现代化的有机构成。

1.2.2　解决农村人口问题关乎能否推动社会主义新农村的建设

党的十八大以来，习近平总书记围绕"全面建成小康社会"提出了一系列新思想、新论断、新要求，并表示全面建成小康社会最艰巨最繁重的任务在农村，特别是贫困地区。按照党的十八届五中全会通过的《中共中央关于制定国民经济和社会发展第十三个五年规划的建议》："十三五"期间将着力构建现代农业产业体系、生产体系、经营体系，推动一二三产业融合发展，走产出高效、产品安全、资源节约、环境友好的农业现代化道路。深化户籍制度改革、促进城乡公共资源均衡配置，健全农村基础设施投入长效机制。提高社会主义新农村建设水平，开展农村人居环境整治行动，建设美丽宜居乡村。全面落实科学发展观和习近平总书记重要精神，实现全面建成小康社会的宏伟目标，必须保证占人口大多数的农村人口参与发展进程、共享发展成果。而农村留守人口的问题已经逐渐成为农村人口的主要问题，因此，妥善解决农村留守人口问题是建设社会主义新农村的必然选择。

1.2.3　解决农村留守人口问题是建设社会主义和谐社会的需要

中国城乡因发展不平衡，产生的矛盾和冲突越来越多，社会风险也越来越大。换言之，中国社会的各种不和谐现象越来越突出。这些现象不仅影响着小康社会的建设，更有悖于中国共产党的宗旨和社会主义的性质。不难看出，建设社会主义和谐社会，实际上是中国社会发展的客观要求。就农村内部而言，农村大量留守人口问题的凸显，表明城乡分割发展条件下的农村正在经历着前所未有的问题和考验，这一问题将影响农村长期稳定发展。不仅使得农业产业效率低下，更重要的是由其引发的一系列社会问题，如农民工子女得不到良好的教育、农村妇女和留守老人得不到应有的关照和呵护、农村家庭及家庭人口安全受到威胁等一系列影响农村社会和谐的问题。所以必须解决好农村人口特别是农村留守人口发展问题。各级政府部门应承担起保护农村留守人口权益的主要责任，将农村留守人口问题与城镇化战略结合起来，让农村留守人口尽可能多地不再留守，营造一个真正和谐的社会。所以解决好农村留守人口发展问题，包括关注留守儿童的成长发育、留守妇女的健康状况、留守老人的养老保障，为农村留守人口创造一个良好的生活、生产条件，改善农村留守人口的生存状况，有助于维护农村留守人口的正当权益，这更是农村乃至整个社会和谐发展的内在需要。

1.2.4　解决新型城镇化后人口与新农村建设内在的机制问题

城镇化的目标是促进城乡协调发展，但一段时期以来，中国同许多发展中国家城镇化过程一样有显著的"城市倾向"之嫌[1]，城市本身除了政策优势外，城市发展也抽走了农村的优质劳动力，带走了农村发展资金，从而导致农村发展缺乏劳动力，缺乏资金，土地撂荒，经济凋敝，使农村普遍发展乏力，甚至产生了一系列农村社会问题。

新时期，关于新型城镇化和新农村建设的研究和实践进入了新阶段。国家"十三五"规划明确提出"在工业化、城镇化深入发展中同步推进农业现代化"，必须坚持"统筹城乡发展、坚持工业反哺农业、城市支持农村，健全城乡发展一体化体制机制"的方针；党的十八大报告也要求，到 2020 年"城镇化质量明显提高"。这其实都是对中国城镇化路径的完善。

目前，学术界对"新型城镇化"的研究主要在两个方面：一是对区别于传统城镇化的"新型城镇化"的科学内涵及特征进行界定，这主要源于新型城镇化本身的定义未统一，如仇保兴、彭红碧、俞宪忠等[2-4]给出了新型城镇化的基本含义，特别是对比了其与传统城镇化的显著不同；二是从实证的层面探讨新型城镇化问题及对策[5-7]。对"统筹城乡发展"的研究也主要有两个方面：一是统筹城乡理论与实践研究，如对成都和重庆统筹城乡发展的探讨[8,9]；二是着重对新农村建设、农村可持续发展和农村人口发展的综合研究，如冯德显、陈锡文等分别讨论了新农村建设的动力机制及"三农"问题的困境[10,11]。纵观这些研究，对于"新型城镇化"和"统筹城乡发展"现阶段研究主要侧重于对城镇化进程中输入地城市和输入者新市民（农民工）的研究，而对于输出地农村和留守者农村人口的研究相对较少，而且很多都是脱离式的研究，对新型城镇化和新农村建设之间双向互动的内在机理和共同发展模式的研究很少，特别是新型城镇化后如何保证农村人口的发展和新农村建设的研究甚少。

为防范新型城镇化后农村人口发展出现新问题，应具备超前的防范意识。同时，选择四川省作为实证研究区域，是因为四川省是一个人口大省，也是一个农业人口和农村劳动力资源大省。伴随着四川省新型城镇化和新农村建设的推进，探讨和研究两者之间双向互动的内在机理和共同发展模式在全国具有典型性和代表意义。课题组的研究基于四川省 12 个不同经济发展水平地级市、29 个自然村、涉及农村人口 58945 人的村级总体调查和 8 个村、63 个农村家庭户、涉及农村人口 252 人的专题调查，为了解四川省农村人口发展现状提供足够多的样本数据。

参 考 文 献

[1] Lipton M. Why Poor People Stay Poor：Urban Bias in World Development[M]. Cambridge，MA：Harvard University Press，1977.

[2] 仇保兴. 新型城镇化：从概念到行动[J]. 行政管理改革，2012，(11)：11-18.

[3] 彭红碧，杨峰. 新型城镇化道路的科学内涵[J]. 理论探讨，2010，(4)：75-78.

[4] 俞宪忠. 是"城市化"还是"城镇"化—— 一个新型城市化道路的战略发展框架[J]. 中国人口·资源与环境，2004，14(5)：86-89.

[5] 张占仓. 河南省新型城镇化战略研究[J]. 经济地理，2010，(09)：1462-1466.

[6] 赵莹. 长三角小城镇新型城镇化建设的理性思考[J]. 当代经济研究，2012，(9)：53-57.

[7] 林聚任，王忠武. 论新型城乡关系的目标与新型城镇化的道路选择[J]. 山东社会科学，2012，(9)：48.

[8] 艾智科，黄发林. 现代田园城市：统筹城乡发展的一种新模式——以成都为例[J]. 城市发展研究，2010，(3)：5-7.

[9] 周勇，李春红，张涛. 基于统筹城乡综合配套改革视角的农村人口城市化：重庆模式探讨[J]. 中国行政管理，2008，(10)：76-79.

[10] 冯德显，梁少民. 新农村建设模式及动力机制研究[J]. 地域研究与开发，2011，30(6)：33-36.

[11] 陈锡文. 当前农业和农村经济形势与"三农"面临的挑战[J]. 中国农村经济，2010，(1)：4-9.

第2章 四川省农业发展和农村建设现状

2.1 四川省农业发展现状

通过以下一组统计数据，了解四川省农业总体发展规模[1]。2014年，四川省农业经济保持平稳发展态势，农村经济运行良好。全年粮食作物播种面积646.7万公顷，与上年持平。其中，小春粮食增产2.6%，大春粮食减产1%。油料作物播种面积128.5万公顷，增长1.6%；药材10.8万公顷，增长3.8%；蔬菜131.5万公顷，增长3.1%。

2014年，全年粮食产量比上年增产0.4%。经济作物中，油料产量300.8万吨，增长3.6%；烟叶产量22.5万吨，减少10.5%；蔬菜产量4069.3万吨，增长4.1%；茶叶产量23.4万吨，增长6.6%；水果产量759.7万吨，增长5.7%。

2014年，全年新增农田有效灌溉面积6.3万公顷，年末有效灌溉面积267.7万公顷。新增农业机械总动力290.3万千瓦，年末农业机械总动力4397.2万千瓦，增长11.2%。全年农村用电量169.6亿千瓦时，增长3.7%。

这些从统计公报上摘录的数据显示了四川省是农业大省的事实，但也存在不少问题，现代农业体系没有形成。

2.1.1 优越的自然条件与传统农业的发展

在四川省内包括三大气候区：四川盆地中亚热带湿润气候区、川西南山地亚热带半湿润气候区和川西北高山高原高寒气候区。其中四川盆地气候资源优越，属中亚热带湿润气候区，即四川盆地及周围山地。该区全年温暖湿润，年均温度16~18℃，日温≥10℃的持续期为240~280天，积温达到4000~6000℃，气温日较差小，年较差大，冬暖夏热，无霜期230~340天。盆地云量多，晴天少，全年日照时间较短，仅为1000~1400h，比同纬度的长江流域下游地区少600~800h。雨量充沛，年降水量达1000~1200mm。川西南山地亚热带半湿润气候区全年气温较高，年均温12~20℃，年较差小，日较差大，早寒午暖，四季不明显，但干湿季分明。降水量较少，全年有7个月为旱季，年降水量900~1200mm，90%集中在5~10月。云量少，晴天多，日照时间长，年日照多为2000~2600h。其河谷地区受焚风影响形成典型的干热河谷气候，山地形成显著的立体气候。川西北高山高原高寒气候区海拔高差大,气候立体变化明显,从河谷到山脊依次出现亚热带、暖温带、中温带、寒温带、亚寒带、寒带和永冻带。总体上以寒温带气候为主,河谷干暖,山地冷湿,冬寒夏凉,水热不足,年均温4~12℃,年降水量500~900mm。天气晴朗,日照充足,年日照1600~2600h。东部盆地大部年降水量900~1200mm。但在地域上,盆周多于盆底,盆西缘山地是全省降雨最多之地,为1300~1800mm;次为盆东北和东南缘山地,为1200~1400mm;盆中丘陵区降雨最少,为800~1000mm。在季节上,冬季(12~2月)降水最少,占全年总雨量的3%~5%,夏季(5~10月)降水最多,占全年总雨量的80%,冬干夏雨,雨热同期。川西高原降雨少,年降水量大部为600~700mm,金沙江河谷<400mm,干雨季分明,6~9月为雨季,降雨占全年总雨量的70%~90%;11月至次年4月为干季,各月降水量小于10mm。川西南山地降水地区差异大,干湿季节分明,大部年降水800~1200mm。木里以北与川西北高原接壤,年降水小于800mm;安宁河东侧与东部盆地相当,年降水1000mm左右。雨季(6~9月)降水占全年总降水量的85%~90%。东部盆地大部年降水量900~1200mm。总体而言,降水丰富,热量充足,温度适宜,特别是从盆地、谷底到山地、高原的丰富的气候类型的演化,为发展多种农业及农业的高产、稳产提供了保证。两千多年前,李冰修筑都江堰后,成都平原旱涝保收,号称“天府之国”,一直是我国小麦、水稻、油菜籽、黄红麻、甘蔗、桑蚕、水果的重要产区,2009年粮食总产量3194.6万吨,油料261.76万吨,豆类100.3万吨,马铃薯462.1万吨,水果689.5万吨,农作物总产量和种类均居于全国前列。

现代农业重视气候条件,利用独特的气候资源,因地制宜,生产出独有的产品,获得农业生产的垄断利润[2],是一个地区农业发展水平的标志。特别是国家推行农产品地理原产地标志以来,原产地独特气候资源已经成为一种金字招牌,作为区域资源禀赋的重要组成部分,成为商品价值附加的重要依据。而充分利用独特气候资源,很多时候需要设备和生产技术方面的大规模投入,这样农业生产成本的有机构成就会提高,即农业的生产效率会得到提高。在单位面积上,人均产出就会有很大的增加。

从表2.1可见,四川省传统农业与全国平均水平相比,人均耕种面积较少,农业人均产值低于全国水平,农业特色产品的产量高于全国,特别是人均耕地面积仅为全国人均耕地面积的45.30%,其他人均生产地域面积均低于全国水平的情况下,人均产值占到全国平均的86.86%。这说明四川省在人均土地资源有限的情况下,发挥精耕细作的特长,农业单产均高于全国水平,农业生产的效益高于全国平均水平。

表 2.1　2014 年四川省人均农业生产规模与产值基本情况

2014 年	单产/(kg/公顷)		人均农业生产规模/亩①					人均农业产值/(元/人)
	谷物	油菜籽	经营耕地面积	经营山地面积	园地面积	牧草地面积	养殖水面面积	
全国	5447	1877	2.256	0.341	0.1047	4.222	0.036	8467.205
四川	5495	2134	1.022	0.28	0.052	—	0.025	7354.623

资料来源：2014 年中国统计年鉴。

2.1.2　农业专业化不足，未形成分工合理的农业生产体系

四川省内农业生产条件有着较大的差异，就气候热量条件而言，川南热量充沛，川西高原热量较差而光照较好。就地形条件而言，川东丘陵地块狭小与成都平原沃野千里形成了鲜明的对比，两地的生产耕作方式及作物产出也应有较大差异。本书选取南充、乐山、绵阳、成都等市州来比较，各市州在作物种类、生产方式及人均耕作面积、生产产值方面的差异并不显著。这说明，四川省农业的发展还处于初级均衡化发展阶段，即农业生产还是以粮食种植为主，兼顾农副产品的生产，各地区的差异性不大，未能形成专业生产、集约生产和规模生产。如成都平原，应在产权流转的基础上，实行大规模机械化粮食种植，而西部高原山地应因地制宜发展集约式药材种植、乳畜业、食用菌等产业，充分利用得天独厚的气候资源。东南丘陵地区，要充分利用热量条件，发展桑蚕养殖加工和亚热带水果种植园经济，加大基础设施投入，保证产品的丰产丰收，加大科技投入，推出优良品种，在全国果品市场占领较大的市场份额。

2.1.3　农业投入增长缓慢，农业机械化水平低

四川省由于特殊的省情，农业投入增长缓慢的问题相对于全国来讲表现更加突出。在成都平原核心区，由于农业人口众多，包产到户导致地块支离破碎，机械化的推行遭到阻碍。在很多地方，地块的分割导致灌溉、排涝设施无人管理和修复，缺水时节用水缺乏调节，矛盾激化，水资源浪费严重。由于生产规模的限制，农户认为购买大型甚至中小农机没有必要，故本地的机械保证率极低。在收割时节，往往需要跨省作业的收割机械。近年来，外出务工与务农相比收入较好，在耕作条件优良的平原地区出现了撂荒的现象，这是对优质土地资源的浪费，也对农业的持续发展提出了挑战。在川东南低山丘陵地区，农业生产的现状

----

①1 亩≈666.7m²。

更不容乐观。一方面,维持着粮食生产自给自足的状态。由于进行其他农业生产还未能达到对生活的保障,这些地区在生产条件极差的情况下,生产的口粮仅仅能够满足自己的消费。在大部分地区,这种耗时费力的高强度劳动还是农业活动的主要部分,而提高收入的特色产业仅仅作为副业,放在可有可无的地位。另一方面,由于特色产业的发展未能产生足够的经济效益和示范效应,推广和扩大特色产业的障碍很大。在技术上,推广普及生产技术并进行本土化创新发展是一个持续的过程,这需要政府的引导和资金的投入,甚至在市场开拓和信息交流等方面扮演"第一人"的角色。在发展环境上,缺乏创业和创新的氛围。集体经济组织带头人和农村能人在农业生产中的示范作用未能充分发挥,其在组织生产和扩大生产方面还存在诸多的制约,很大程度上阻碍了本土农业生产模式的更新和创造[3]。最后,在硬件设施方面还存在诸多的制约;经过多年的建设,低山丘陵区的交通出行条件已经有了较大的改善,特别是"村村通"公路建设和农村电信通信网络的建设,为发展工厂式特色产业园建设创造了较好的条件。但是,水利设施和园区基本建设方面,由于农地产权和投资收益率低等方面的考虑,农业投资踌躇不前。

比较全国平均水平和机械化水平较高的黑龙江、新疆、河南、湖北等省市(大型农机具、大中型拖拉机、耕地面积、人均耕种面积),四川省明显处于劣势。从表 2.2 也可以看出,四川几种固定资产的拥有量落后于全国平均水平,如四川每百户拥有大中型拖拉机及小型和手扶拖拉机分别仅为 0.88 台和 2.8 台,远低于全国平均的 4.4 台和 20.49 台。

表 2.2   2013 年农村居民家庭平均每百户拥有主要生产性固定资产数量

	汽车/辆	大中型拖拉机/台	小型和手扶拖拉机/台	役畜/头
全国	4.05	4.40	20.49	26.36
四川	3.00	0.88	2.80	24.50

资料来源:2013 年中国统计年鉴。

四川省农业机械化和专业化的投入,已成为解决四川省农村、农业、农民问题及化解制约区域发展全局的重点。

2.1.4　农业生产的劳动力匮乏

由于来自家庭经济支出多方面的压力,外出务工成为大部分年轻农民的唯一选择,他们其中一部分"候鸟式"地奔走于打工城市和农村之间,在农业生产上,他们权衡投入与产出的得失,凑凑合合粗放地完成生产过程,甚至很大一部分最终舍弃了种植。总之,大部分中青年精壮劳力的离去,导致农业的发展成为无本之木。年富力强的农民工走了,他们扔下的大片土地究竟是谁在耕种[4]?是白发苍苍 60～80 岁出不去的老者和留守儿童！我国商品粮的 30％ 是由这些"老弱残兵"种植的。由于机械化的水平极低，在很多地方还完全使用人力和畜力，农业生产的艰辛导致农村家庭对孩子的教育渗透了"脱离农村、逃离农业"的观念，再加上对孩子的过分溺爱，农村的 80、90 后和城市户口的孩子一样被娇生惯养，家长望子成龙望女成凤拼命地供他们读书，希望他们有一天能够出人头地，而他们十几年寒窗苦读，也正是为了脱离农民身份，在我国，农民身份是何等的低下；"高学历"的他们回过头来侍弄田地，他们的心理认同将从哪里找？种田是和泥土、牲畜打交道，脏、累、差，不是现在那些一直被父母和爷奶娇惯并给予"城市人生活品位"的 80、90 后所能胜任的。因此，农业的发展需要改变农业的产业形象和效益，需要农业产生足够的引力，使优秀的农业技术人才和产业人才乐于投身农业。

本书的调查案例分布区域如图 2.1 所示，基于四川省地形、气候和农作制度，将调查区域分为川东丘陵、川南丘陵、成灌平原和川西山区 4 个类型区域。4 个类型区域的自然条件代表性主要表现为：川东丘陵，水热较好，地形起伏度稍大，不适宜发展机械化农作；川南丘陵，热量条件突出，适宜发展亚热带水果，有农业比较优势；成灌平原，地形平坦，土地肥沃且灌溉便利，有发展规模农业的便利；川西山区，地形崎岖，耕地面积狭小，气温日较差大，高寒且具有独特的物种资源。4 个类型区域的社会经济代表性主要表现在，川东丘陵传统农业历史悠久，人口密集，以种植稻米和桑蚕为主，但人均农业资源相对较少，成为农民增收的限制因素。川南丘陵农业生产以粮食种植和亚热带水果种植为主，人口密度也较大。川西山区，人烟稀少，人均占有土地资源广阔，发展畜牧业和

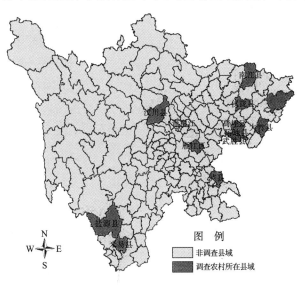

图 2.1 四川省农村现状调查县域图

特色种植的空间巨大，特别是旅游业的发展对该区的发展促进很大。以上三类地区的城市化和工业化进程均较为缓慢，对农村经济的带动作用较小。成灌平原是四川省社会经济发展的核心地带，人口密集，城市发育受工业和城市先进经济模式的影响较大，由于农业劣势的比较效益，农村的土地、人力和消费以及市场等正面临分化，农业和农村的发展正迎来特殊的转型机遇期。基于课题组一直以来对农村问题的研究，综合以上的分析，调查案例的选取保证了对四川省农村的代表性。

2.2　四川省农村建设现状

农村的发展变化相对城市而言脉络似乎更加清晰可见，因为农村的经济、社会关系较为单一，农村的社会矛盾反映更加集中，根据农村社会现象的本质和表现层次，本调查研究将从多个角度剖析四川省农村的发展现状。四川省农村现状调查对象见表 2.3。

表 2.3　四川省农村现状调查对象

编号	地址	编号	地址
1	巴中市南江县寨坡镇溪口村	16	达州市宣汉县三墩乡月亮村
2	广安市武胜县中心镇清滩村	17	达州市宣汉县三墩乡梨树村
3	广安市武胜县华封镇永寿村	18	达州市大竹县石子镇雨坛村
4	南充市高坪区清溪镇王家店村	19	达州市大竹县石子镇民主村
5	南充市仪陇县新政镇长里扁村	20	达州市大竹县石子镇白安村
6	南充市仪陇县复兴镇复兴村	21	西昌市盐源县博大镇砖楼村
7	南充市高坪区老君镇凌云山村	22	攀枝花市米易县得石镇草坝村
8	资阳市雁江区清水镇白马村	23	达州市宣汉县五宝镇高梯村
9	资阳市雁江区迎接镇浸水村	24	达州市大竹县庙坝镇五桂村
10	资阳市雁江区南津镇新店村	25	泸州市泸县得胜镇上顶山村
11	广安市乐池县镇龙镇观音岩村	26	阿坝州市汶川县水磨镇响黄沟村
12	广安市乐池县镇龙镇丁家店村	27	成都市青白汀区红阳街道镇红锋村
13	达州市宣汉县三墩乡大窝村	28	成都市青白江区福洪乡杏花村
14	达州市宣汉县三墩乡大河村	29	成都市青白江区福洪乡先锋村
15	达州市宣汉县三墩乡燕河村		

资料来源：本课题组调查统计数据。

2.2.1　农村的人口结构现状

对于农村的人口，以最小的社会单元——家庭来进行考察。从表 2.4 可见，农村人口的家庭结构呈现出小户型的特点，平均 3.58 人/户，即独生子女户占很大的比例，农村人口的计划生育工作开展成果显著，农村人口基本得到了较好的控制，这对于解决人多地少的矛盾是较为有利的。

表 2.4　2010 年四川省农村家庭规模与劳动力基本情况　（单位：人）

	户均人数	户均劳动力人数	户均外出务工人数
全国	3.15	2.29	—
四川	3.61	2.52	—
四川农村	3.58	1.91	1.07

资料来源：2010 年中国统计年鉴、2010 年四川省统计年鉴和本课题组调查统计数据。

从表 2.5 可见，农村社会的人口构成中，0～14 岁、15～65 岁和 65 岁以上三个年龄段构成比例依次为 18.3%、64.0%、17.7%，呈现出较为均衡的状态，就全体农村人口而言，中青年占到 64.0%，幼儿和青少年新生代人口比例 18.3%，全国为 18.5%，与全国水平相比略低，是四川省计划生育政策对人口数量严格控制的成果。老年人比例偏大，远远大于联合国的 65 岁以上人口占全部人口 7% 的标准。由此可以看出，农村的人口生产和发展是非自然的过程，众多的青少年和幼儿，成长之后离开农村，到城市永久定居的趋势可能是造成农村老年人口比例偏大的一个重要原因。

表 2.5　2010 年四川省农村人口年龄构成与抚养比的基本情况　（单位：%）

	0～14 岁	15～65 岁	>65 岁	总抚养比	少年儿童抚养比	老人抚养比
全国普查	18.5	73.0	8.5	36.9	25.3	11.6
四川样调	17.2	70.6	12.2	41.7	24.4	17.3
全国样调	16.9	73.4	9.7	36.2	23.0	13.2
四川农村样调（总人口）	18.3	64.0	17.7	56.3	28.6	27.7
四川农村样调（扣除外出劳力）	25.5	49.9	24.6	100.5	51.1	49.4

资料来源：2010 年中国统计年鉴、2010 年四川省统计年鉴和本课题组调查统计数据，其中四川样调和全国样调为国家统计局样调数据，四川农村样调部分为课题组调查样本数据，四川农村样调部分为课题组调查样本数据。

劳动力是一个地区产业发展和生产生活服务的核心力量，农村的劳动力状况表现出总量不足和流失严重的特点。在年龄结构中，已经得到中青年所占的比率，与国内部分城市相比，这一比率是很低的。上海市被公认为是老龄化严重的城市之一，2009年，上海市青壮年人口比例为69.06%，而四川省农村地区还要比上海低近6个百分点，可见农村劳动力的状况是不容乐观的。而调查中可以发现，外出务工的劳动力人数，户平均为1.07人，占全部劳力户均1.91人的56.02%，也可以说，农村人口中33%（(1.91−1.07)/(3.58−1.07)×100%）的劳动力进行着农业生产，同时承担赡养老人(17.7%)和抚养儿童(18.3%)的义务。其生产与消费的人口数量比接近1∶3。

从表2.6可见，从农村整体的性别构成方面来说，男女性别的比为119.2∶100。人口学家认为新生儿正常的人口比约为105，在人口统计学上，一般正常范围为102~107。随着年龄增加，人口的性别比会逐渐趋于1；最后由于女性的寿命长于男性，性别比在80岁以后达到40∶100。根据我国人口社会学的研究，我国人口性别比较高的重要原因在于农村人口的生育观念，大部分家庭重男轻女的思想严重。当然，就农村和城市的收入水平、工作条件、就业机会和生活条件的差异而言，农村男女性别比的问题还有其他原因。如城市服务业发达，吸纳了大批的女性就业；大部分女性渴望脱离农村，与城市人婚配成立家庭的比例较大等。这些现象的存在，可能导致农村男青年的婚育困难，以及农村的永续发展问题。

表 2.6　2010 年四川省农村性别比的情况

	男性	女性	性别比
全国	50.8	49.2	103.3
四川	50.2	49.8	100.9
四川农村	54.4	45.6	119.2

资料来源：2010 年中国统计年鉴和本课题组调查统计数据。

从表2.7可见，近年来，农村教育条件的改善，使农村人口的受教育程度大幅度提高，初中及以上文化程度达到了54.86%，占青壮年全部人口的比率为85.76%(54.86%/64%×100%，其中64%为全国青壮年人口比率)。其中大专及以上学历占到3.17%，高中及以上学历达到了16.94%，这些对于新农村建设对于文化素质的要求来说，提供了较好的智力支持。

表 2.7　2010 年四川省农村受教育程度的基本情况　　　　（单位:%）

	小学及以上	初中及以上	高中及以上	大专及以上
全国	92.88	62.76	21.08	7.29
四川	90.82	51.19	16.14	5.62
四川农村	92.29	54.86	16.94	3.17

资料来源：2010 年中国统计年鉴、2010 年四川省统计年鉴和本课题组调查统计数据。

2.2.2　农村土地资源的利用状况

1.基本情况调查

　　土地是农业生产的基础，其数量和质量决定了利用方式和生产效益，其开发程度和利用状况反映了农业生产的水平，也反映了农村社会经济的活跃程度（更多数据详见附表 1）。从农村人均拥有的耕地资源数量上来说，调查数据平均为1.14 亩/人（表 2.8），与 2010 年统计年鉴稍有出入，与全国水平 2.25 亩/人相比，仅为其 1/2。可见，耕地资源人均占有量十分不足，四川农村的人地关系矛盾突出。

表 2.8　2010 年四川省农村土地资源及耕作基本情况

样本编号	农地资源及利用情况			土地耕作方式	
	总耕地面积 /亩	人均耕地面积 /(亩/人)	撂荒耕地面积 /亩	人工	半人工和 半机械化
1	260	2	0		1
2	620	1	20	1	
3	886	0.4	20	1	
4	1600	0.5	0	1	
5	1151	0.86	18	1	
6	638.2	0.7	210	1	
7	810	2	0	1	
8	1548	1.07	15	1	
9	2106	1.04	422		1
10	2930	1.01	65	1	
11	388.8	5.1	50	1	
12	741	0.81	66	1	
13	3523	1.5	1.74	1	
14	1078	0.45	0	1	
15	1408	0.6	875	1	
16	998.3	0.77	197.6	1	
17	975	0.73	0	1	
18	2250	0.8	100	1	
19	2130	0.9	0	1	

样本编号	农地资源及利用情况			土地耕作方式	
	总耕地面积/亩	人均耕地面积/(亩/人)	摞荒耕地面积/亩	人工	半人工和半机械化
20	4360	0.9	0	1	
21	3000	1.7	1000		1
22	7000	2.6	40		1
23	1450	0.5	80	1	
24	733.93	0.4	0		1
25	2613	0.579	46	1	
26	522	1	50	1	
27	691.86	0.78	0	1	
28	4423	1.02	0	1	
29	4246	1.48	0	1	
统计分析	55081.09	1.14	5.95%	82.76%	17.24%
	耕地总面积/亩	人均耕地面积/(亩/人)	耕地摞荒率	人工劳作的比率	半机械化率

资料来源：本课题组调查统计数据。注：土地耕作方式中的 1 表示属于某种类型的方式，以下表格意义类推。

2. 农业产出分析

农村土地的单位产出是农业生产水平的主要标准。调查中，四川省粮食的亩产平均为 539.41kg，最高 1000kg，最低 100kg，折合 8091.25kg/公顷，远远高于全国的 5447kg/公顷，说明四川省种植业的生产技术，在品种改良选育推广和优化营养配比以及田间管理等方面，对农业的增产起到了突出作用。农村的粮食生产和消费对比显示，粮食的产量近 3/4 供自家食用，商品化率仅为 24.11%。说明农村粮食生产的水平仍处于自给自足的低级阶段。农村的土地，特别是耕地的耕作种植，不但关系到农村土地资源的集约程度，还关系到整个社会的粮食安全。粮食单产的提高在一定程度上减小了耕地荒芜造成的粮食产量下降的影响，保证了粮食安全。

3. 农业机械化水平分析

农业生产中，主要包括人工生产方式和半机械、半人工生产方式。82.76%的村主要以人工生产为主，17.24%的村以半人工、半机械的生产方式为主，低于全国的农业机械化水平。这与四川省的地形条件有关，在东部丘陵地区和西部高原河谷地带，耕地地块狭小，是造成机械化推行困难的原因。此外，在德阳、成都等市，平原人口密集，户均耕地面积小，也阻碍了农业规模经营和机械化的推行。

4. 土地流转方式

农村土地家庭联产承包责任制推行以来，初期大大地提高了家庭单位农业生产的积极性[5]，从另一意义上讲，强化了农民"安身立命于土地"的意识。然而在农村经济活跃的地区，家庭承包对农业发展的障碍作用也表现得越来越明显。因此，各种土地流转的创新和突破正被实践和推行，土地流转方式的多样化和灵活性也是农村经济和生产水平的重要标志。在本次调查中，发现农村耕地的流转方式主要有转包、出租、转让和其他流转方式。转包，即由集体组织担当中间人角色，将土地转给经营大户用于粮食种植。出租，主要是将土地用作非传统粮食种植的生产场所，租期较长，形成法律关系，同时出租收益较高。转让，是集体经济组织将土地转让给个人和单位用于非农业生产，从而一次性收取较高的费用。其他流转方式，还包括农户间小规模代种、让渡种植等行为，没有改变土地承包性质，也没有形成较长时期的交易关系，所以，在这里视为联产承包类内的传统方式。统计数据显示，存在新型土地流转关系的村占全部案例的 61.76%，其中受城市和工矿企业影响的"转让"流转方式，应当属于农村发展的非常态模式，扣除其所占比例，存在新型土地流转关系的村为 47.06%。具体来看，存在转包方式的村委占比 57.69%，存在出租方式的村委占比 15.38%，存在转让方式的村委占比 19.23%（表 2.9）。可见随着农村经济的发展，农村土地的分配和使用、收益方式正在孕育着新的萌芽，这为农村的特色农业发展、规模农业的经营模式及农村生产效率的提高提供了前提。

表 2.9　2010 年四川省调查区域农村新型土地流转基本情况

新型土地流转方式	分布频数	占样本比例/%
转包	15	57.69
出租	4	15.38
转让	5	19.23
其他流转方式	6	23.08

资料来源：本课题组调查统计数据。

5. 土地撂荒现象

据调研分析，城市和工业较为发达的地区，以及交通区位良好、距市镇较近的村落，土地转让的比例较高，同时存在土地荒芜现象，说明这一地区土地利用更趋于工商业用地类型，农民从事其他行业收入较高，致使农业生产荒废。另外，未出现新型土地流转方式的村落，土地荒芜的比例也较大。这些村落，土地利用价值较低，而村民外出务工居多，土地荒芜成为必然。由此可见，农村土地低效益生产和耕地荒芜现象是普遍存在的，而新型流转方式是解决土地资源有效利用的唯一方法。在山区和偏远地区，土地总量少，耕作条件很差，没有弃耕现象。而在部分平原和城市近郊村落，土地的撂荒十分严重，调查案例中，总耕地的 1/3 被撂荒，原因主要是这些村距离城市较近，农业收益在家庭收益所占比例微乎其微，弃耕成为大部分村民的选择。正是这种情况为土地流转和新型合作提供了机遇。

2.2.3　农村的收入和支出情况

农村经济的发展主体，就目前国内的发展现状来看有两种：一种是小岗村开创并在全国普及的家庭农业生产主体，另一种是华西村、南街村等坚持的集体经济体的村级农业生产主体。两者的适用各有因素制约，而两者在农村经济生活中共同存在、共同发挥着作用，这是一个不争的事实。对于农村的经济状况，本书将从村级和家庭的角度来分析其收入和支出的状况（更多数据详见附表 2）。家庭最高收入为 80000 元，人均最高收入为 7000 元，家庭最低收入为 2450 元，人均最低收入为 700 元，家庭收入平均为 15223.2 元，人均收入平均为 3554.7 元，与 2010 年全国农村居民纯收入 5919 元相比差距很大。收入来源排名第一位的是农副产业和其他收入，占到 48.28%，依靠农产品的收入占到 44.83%，依靠工业企业获取的收入占到 31.03%，而依靠乡村旅游的收入仅占到 3.45%。可见，农村的收入主要来源还是依靠农业生产，只有农业生产发展了，才能推动最大范围的农民致富。此外，工业发展对提高农村收入也有一定的作用，乡镇企业发展较好和域内有工厂矿山的村落的村民收入更多受益于工业经济。而发展乡村旅游只具有典型性特征，对于旅游条件较好的村落是一条好的发展道路，但对于大部分农村是没有推广意义的。

对于村一级集体组织，在农村拥有一定的资源管理权力和行政权力。在农村的发展中，主要通过行政手段及村办集体企业对农村的发展施加影响。根据课题组的前期研究，村级集体组织在大部分农村主要以出租和转包集体土地和建筑经营权获得收益。部分村级组织在国家大型工程和交通线路的征地补偿款中，将村级统筹部分作为集体经济发展的资本或用于村庄改造等基础设施建设资金。而村办企业大部分因经营不善被私营企业兼并，或者因权责不明晰而导致亏损、收益分配不明。

相对而言，村级集体组织的收入来源保证率较低，大部分集体组织的向心力和凝聚力不强，在农村发展中不能施加应有的影响，更难在农村产业发展中起到组织和引领作用。较多的集体组织是依靠国家下拨经费，维持着基本的行政职能。特别是农业税改革和取消以来，村级集体组织的合法收入大为减少。

从表 2.10 可见，农村家庭收入从总量上看，四川省与全国相比存在着一定的差距，2008 年农村居民收入为全国的 86.56％，2009 年农村居民收入为全国的 86.59％，呈平稳增长态势。就城乡发展差别而言，2008 年农村的人均收入为城市的 32.62％，2009 年为 32.24％，说明城乡发展中，差距有进一步拉大的趋势。而全国同一时期数据分别为 30.17％和 30.00％，说明在区域经济水平的大环境下，四川省农业发展态势要好于全国，但同样存在城乡差距拉大的趋势。

表 2.10　四川省与全国 2008～2009 年城乡居民收入支出情况　　　　（单位：元）

	全国		四川	
	2008 年	2009 年	2008 年	2009 年
城镇居民人均可支配收入	15780.76	17174.65	12633	13839
农村居民人均纯收入	4760.62	5153.17	4121	4462
城镇居民人均消费性支出	11242.85	12264.55	9679	10857
农村居民人均生活消费支出	3660.6847	3993.45	3128	4141

资料来源：2010 年中国统计年鉴、2010 年四川省统计年鉴。

从农村居民的支出数量上来讲，2008 年农村居民消费水平仅为城镇居民的 32.32％，2009 年为 38.14％，反映了四川省农村消费支出呈快速增长趋势，而全国同期数据保持在 32.56％，可见农村消费支出呈迅猛增长的趋势。对于农村消费支出增长的原因，在调查问卷中将予以解析。从城乡的消费支出构成上来讲，城乡消费结构的差异体现了农村的支出压力大的特点。从表 2.11 中可以看出，四川省城市和农村消费项目的数量占全部支出的比率如下。

2008 年在食品方面的支出，农村占到 52.05％，而城市为 43.96％。农村粮食和蔬菜生产首先满足了自身的要求，一方面，农村支出中解决温饱仍然占据重要的位置；另一方面，农产品在出产地与城市市场之间的价格差异，使得该数据在数量上可比性不强。在衣着消费支出上，农民的衣着消费占全部的比率仅为 5.59％和 4.76％，城市占到 10.77％和 10.85％，可见农村的衣着消费属于基本消费水平，城市在追求数量的基础上进一步提高了质量和时尚的要求。在文教和服务方面，城市消费的绝对数量和所占比率均高于农村，而农村的教育消费有下降的趋势，可能是近年来国家减免农村教育费用、普及九年义务教育的结果，同时也反映了农村投资教育的热情有所下降。

表 2.11　四川省 2008～2009 年城乡居民消费水平与消费构成比较

年份	类别	居民人均消费水平/元	居民消费构成					
			食品/元	所占比率/%	衣着/元	所占比率/%	文教娱乐用品及服务/元	所占比率/%
2008	城镇居民	9679	4255	43.96	1042	10.77	1121	11.58
2008	农村居民	3128	1628	52.05	175	5.59	173	5.53
2009	城镇居民	10857	4392	40.45	1178	10.85	1150	10.59
2009	农村居民	4141	1741	42.04	197	4.76	207	5.00

资料来源：2010 年中国统计年鉴、2010 年四川省统计年鉴。

通过以上收入和支出的对比可以发现，四川省农村的收入增长较慢，而支出增长迅速，二者的差值，2008 年为 993 元/人，2009 年为 321 元/人。整理调查问卷可知：农村支出中，对医疗和教育的支出关注度最高，而前面所提到的消费支出未被提及。可见，教育、医疗等支出对农民的生活影响最大，教育关系到后代的发展和家庭的希望，医疗关系到健康生死，二者均属于刚性支出。四川省农村消费支出低、消费购买能力弱的原因显而易见。特别是，从表 2.12 和表 2.13 可见，户均基本支出的数额为 6660.69 元，而户均收入为 15223.2 元，基本支出占到 43.75%，扣除食品支出后，农村家庭的资金积累能力将十分薄弱。人均支出为 1748.58，而人均收入为 3554.7，人均支出占人均收入的 49.19%。

表 2.12　2010 年四川省调查区域农民收入及来源基本情况

编号	收入基本情况/元			收入主要来源			
	村总收入	每户收入	人均收入	农产品外销	村办工厂	旅游业	其他
1	136000	400	800				1
2	650000	2700	900	1			1
3	11000000	22000	5460	1			
4	7920000	11500	2300		1		1
5	5099520	12717	3840		1		
7	1200000	13636	3000			1	
8	4935620	10992.48	3390	1	1		1
9	8740214	14375	4318.29	1			
10	10215040	10560	3520	1			
11	531300	2450	700	1			
12	3473000	7780	3800				1
13	4463100	7600	1900				1

续表

编号	收入基本情况/元			收入主要来源			
	村总收入	每户收入	人均收入	农产品外销	村办工厂	旅游业	其他
14	4839912	8848	2037		1		1
15	5062288	10416	2156				1
16	6220000	15000	3000		1		1
17	1335996	4366	1000				1
18	350000	18000		1			
19	463000	10200	2500	1			
20	8348000	10000	2000	1			
21	8000000	80000	7000	1			
22	5300000	20000	5000	1			
23	3082000	4100	1100	1			
25	30968206	25446.3	6862				1
26	1120000	6294	3485		1		
27	19490000	26094	8698		1		1
28	48000000	38000	7491	1			
29	15867000	17552	5519	1			
统计分析	8030007	15223.2	3554.7	44.83%	31.03%	3.45%	48.28%

资料来源：本课题组调查统计数据(由于有两个乡村没有填写数据，故剔除)。

表 2.13　参与调查的 26 个村家庭支出情况与主要支出项目统计情况　　(单位：元)

编号	支出情况			主要支出项目及金额	
	村总支出	每户支出	人均支出	人均医疗卫生支出	人均适龄儿童教育支出
1	80000	3000	600	600	1000
2	500000	2100	700	50	20
3	8500000	17000	4000	200	50
4	5850000	8500	1700	50	25
5	2039000	5910	1535	80	1500
6	235290	759	253	101	101
7	900000	1227	2250	80	200
9	3348908	3462	1154	276	745
10	218940	2220.52	728	200	542

续表

编号	支出情况			主要支出项目及金额	
	村总支出	每户支出	人均支出	人均医疗卫生支出	人均适龄儿童教育支出
11	470580	2170	620	100	297
12	1828000	8000	2000	30	360
14	4200000	7678	1767	185	120
15	2800000	5761.31	1192.5	450	130
16	3732000	12000	2500	400	120
17	1220000	4000	916.17	516	130
18	7430000	8300	1500	300	250
19	34200	15000	3000	318	290
20	37800	8200	1700	315	250
21	900000	9000	3000	300	50
22	10320	40	10	400	100
23	28000	180	90	160	280
25	9143338	7513	2026	560	680
26	560000	4117	1090	200	500
27	8982000	12320	3886	40	102
28	18000000	14400	4000	40	180
29	9329280	10320	3245	365	310
支出情况统计		6660.69	1748.58	242.93	320.47

资料来源：本课题组调查统计数据（由于有三个乡村没有填写数据，故剔除）。

通过以上研究和分析可以看出，农村的收支状况表现出以下特点：首先，农村的收入能力较低，在绝对数量上与城市有着很大的差距；其次，农村的收入和支出数额的盈余较少，甚至有继续减少的趋势；再次，教育和医疗等基本支出对农村家庭的财务安全形成巨大的挑战和压力，使得农村的消费能力较弱。

2.2.4 新农村建设的进展与现状

党的十八大以来，习近平总书记对有关"三农"问题进行了一系列重要论述，对社会主义新农村建设进行了全面的部署。这表明党对我国经济规律的认识到了新的阶段，我国整个社会的经济发展进入了新时期，农业和农村的发展迎来了新的历史性机遇。在社会主义新农村建设过程中，把握其特征、理解其内涵具有十分重要的意义。社会主义新农村建设的科学内涵表现在 5 个方面：生产发展、生活宽裕、乡风文明、村容整洁、管理民主。

1. 目前社会主义新农村建设的进展

根据社会主义新农村建设的要求和农村发展现状，对表征明显的共性问题设计了调查问卷，其中涉及生产组织方式、社会保障、合作医疗以及农村工作生活等方面，新农村建设取得成绩可以展现在以下方面。

1）生产组织方式对农村产业发展的影响

家庭联产承包解决的仅仅是农民的吃饭问题，却伤害了农村、农业的根本，而改革国家的分配模式，农民的吃饭问题不仅迎刃而解，而且将继续解决农村的发展和农民的致富问题。2005 年农业税全免及国家一系列支农、惠农政策的出台有力地改变了农村发展的不利局面。国家分配体系的改革体现了新时期农业、农村发展的要求，摒弃了制约农村发展的生产资料组织形式，萌发出的顺应规模化、专业化现代农业发展趋势的组织形式，已经逐步出现在四川省农村发展的实践中。

调查发现，各种合作组织形式在家庭承包的产权基础上，进行着伟大的尝试。从表 2.14 可见，四川省农村的生产协作和发展组织主要有以下形式：村委会组织协调下的土地流转和产业发展规划、村民小组为单位的产业合作、自愿组织的生产专业合作社、特色产业协会以及其他社团组织。这些组织的形式在产业水平和组织性质上有较大的差异。在城市近郊以及集体经济发展较好的区域，土地存量很少，村委组织土地的转让和收益分配。对于产业发展较好的旅游、园艺专业村，农业生产多以菜蔬、园艺为主，专业合作社在技术、市场、质量规范等方面发挥作用。特色产业协会一般在县乡范围内组织和指导生产实践，是较松散的组织方式。其他互助性社会团体，如妇女联合会、老年协会等，为生产困难的家庭和个体提供生产生活帮助，是解决实际困难不可缺少的部分。

表 2.14　2010 年四川省调查区域农村基层生产合作组织基本情况

农村基层生产合作形式	政府组织	村委会、村民小组
	生产协会	蔬菜协会、生猪养殖
	社会团体	妇代会、老协
	生产资料组合	转租、承包
	专业组织	农民专业合作社、产业协会、四季鲜专业合作社
	亲缘联系	亲戚合作、朋友合作

资料来源：本课题组调查统计数据。

"承包性经营"在调查中多次出现，是一个值得注意的生产组织模式。种植和农业产业大户，承包和转包农户的土地，扩大生产规模，提高生产技术，提高产品质量和市场竞争能力，对于农业的生产水平和效益有很大提高。进行土地流转政策的创新和改革，为规模农业发展扫清障碍，对于新农村建设提出的生产发展的要求有实践意义。

2）农村社会保障事业的发展

进入 21 世纪以来，四川省农村的社会保障事业取得了较快的发展。在调查中，农村村民以不同形式参与了社会保险险种（更多数据详见附表3）。其中96.2% 的村民参与了新农村合作医疗保险，对于常见几大类的疾病逐渐提高报销比例，这项政策对农民的健康水平的提高将有很大帮助。据最新数据，全省新农合参合率达到 97.88%，新农合继续扩大重大疾病的报销比例，力争将政策范围内的住院费用报销比提高至 70% 左右。逐步解决农民看病难的问题，解除"因病致贫"这一压在农村、农民身上的千斤巨石，彻底改变农村的医疗保障现状。

此外，农村低保和养老保险的推行也取得了良好的效果。从表 2.15 可见，参与低保的比例统计结果为 44.83%，参与养老保险的比例达到了 44.83%，这些保险的普及将打破农民"养儿防老、老无所养"这种传统保障模式的经济问题。在调查中，相当部分的农村村民还未享受这一成果，或因病、残和其他原因致使家庭经济压力过重，使家庭的后续发展困难。

表 2.15　2010 年四川省农村社会保障的基本情况

地区和城镇	居民参保形式/%			新型农村合作医疗	
	基本养老	医疗保险	低保	个人支出/(元/年)	集体支出/%
四川农村人口	44.83	96.55	44.83	67.78	31.03
四川城镇人口	36.40	59.19	82.12	104.8	—
全国农村平均	37.87	94.20	40.86	113.4	—

　　资料来源：2010 年中国统计年鉴、2010 年四川省统计年鉴和本课题组调查统计数据，其中四川农村和全国人口基本养老为养老保险金，城镇人口为退休保险金；农村人口医疗保险为新农村医疗合作保险，城镇人口为城镇职工医疗保险；四川农村人口低保为农村居民最低生活保障，城镇人口低保为城市居民最低生活保障。

从四川省农村养老保险、医疗保险的覆盖率两项指标来看，均高于全国农村水平和四川省城镇人口的水平，说明农村医疗和养老保险工作取得了可喜的成果，同时在单位数量上，农村养老保险金数额和退休保险金数额、新农合与城镇职工医疗保险金数额的差别非常悬殊。农民的养老和医疗的保障水平与城市居民的差别还非常之大。

2. 目前农村社会发展存在的问题

在农村保险制度下，还存在部分家庭没有能力缴纳保险金的情况。调查显示,在经济条件较差的村,合作医疗的参保率仅为 48.6%,好的村为 100%,居民参与保险的支出平均为 67.8 元,最高的村人均缴纳保险金额为 600 元,最低的村人均仅为 20 元。缴纳保险的方式包括个人和集体代缴。其中集体补缴和代缴的村占到 31.03%,可见,增强保险意识、增强宣传和援助对于普及保险范围和受益人群十分重要。四川省是农民工输出大省,大批的青壮年外出,对农村社会的发展产生了很大的影响,直接的影响有以下几个方面。

首先,社会治安问题,留守的老人、妇女、儿童的防范能力较弱。从表 2.16 可见,调查样本中对治安问题的关注达到了 34.48%。

其次,乡风文明的问题,农村本土文艺人才纷纷加入外出务工行列。农民喜闻乐见的本土艺术表演非常难得,艺术传承就已经十分困难,反映农村新生活的作品的创作和艺术改良更是少之又少,外来庸俗文化和纯娱乐表演冲击农村文化阵地。特别是不劳而获的思想导致乡村的赌博之风盛行,留守青年和儿童学习之余,浸淫其中,荒废学业不思进取的情形十分常见。农村发展的停滞和农村生活的空白是造成农村精神生活缺失的根本原因。建立农村发展的新模式,使农业的发展焕发新的活力,将是促进农村人口、产业、文化持续繁荣发展,改变颓势的长久之计。

再次,计划生育工作难的问题。农村青壮年外出务工导致对青年育龄妇女的管理难度加大,以及推广优生优育服务难以落实。

此外,村容村貌的美化、整治缺乏劳力与资金。很多村落的房屋空置,外出务工人员在家停留时间有限,导致开展道路、管道和绿化整治工程缺乏劳力,对村容的清洁和维护缺乏人手。另外,村容整治的资金多来自政府拨款和集体处置土地收入,对于偏远地区和得不到政策拨付款项的村,村容整治无从谈起。

表 2.16　2010 年四川省调查区域农村社会发展的突出问题　　　　　（单位:%）

	村容村貌	计划生育	治安	乡风文明
关注程度	48.28	41.38	34.48	27.59

资料来源:本课题组调查统计数据。

3. 制约农村发展因素

四川省的农村经济、政治和制度层面还存在许多制约新农村建设的因素,见表 2.17。

表 2.17　2010 年四川省调查区域农村社会发展的制约因素　　　　　（单位:%）

	农业收入低	农村生产条件	政策支持	劳动力短缺
关注程度	79.31	58.62	37.93	27.59

资料来源:本课题组调查统计数据。

首先，在参与调查的村子里，对于农业收入低的关注达到 79.31%，而农业收入低所导致的农村生产生活条件难以改善、人力流失等一系列问题，成为农村问题中的重中之重。

其次，农民对农村生产条件的关注度高达 58.62%，已经认识到进行农业技术改造的资金投入是制约农村产业发展的根本问题。对于道路、水利等基础设施的投资建设，也是亟待解决的问题。生产过程单一，产品综合利用率低，资源浪费严重是低效的主要原因。农村生产过程中农产品的综合利用率低，甚至直接丢弃，造成了资源的浪费和生产效益的低下。

再次，农村劳动力流失，弱势的留守人口难以承担农业发展的重担。调查中，户均人口为 3.58 人，户均劳动力为 1.91 人，而户均外出打工的劳力占到 1.07 人，大量的儿童、老人需要剩余的一个单位的劳动力照顾。而且，到城市工作和外出务工人员文化素质较高，留守人群在体力和智力等方面都难以担当重任。

最后，国家政策对农村社会发展和社会保障的支持不够。农村的人口聚集规模较小，在市场服务、环境保护和资源集约利用方面，有效利用率都远远低于城市，导致农村的生产和生活的部分成本高于城市，农村的电力和通信设施的能耗和维护费用要远远高于城市，一定程度上影响了营运企业投资完善农村服务网络的积极性。在部分山区，这些投资建设主要依靠国家政策推动，而后期维护、服务很难跟上。这就需要在收入保障机制方面对农村进行倾斜和支持。农村的医疗和养老方面需要国家给予同城镇居民同等的保障力度。

参 考 文 献

[1] 四川省人民政府. 四川省 2014 年国民经济和社会发展统计公报[N]. 四川日报，2015-3-7.

[2] 任桂霞，鲁小哲，张贵轩. 充分利用气候资源因地制宜发展农业生产[J]. 中国科技信息，2007，(6)：62-63.

[3] 黄志坚. 农村致富带头人成长因素和作用分析[D]. 南昌：南昌大学，2007.

[4] 陈尚. 农村现状：新型地主已初露端倪——谈农村、农民工生存现状及其未来发展方向 [EB/OL]. http://www. snzg. cn/article/2011/0830/article _ 25111. html[2011-8-30].

[5] 马举魁. 关于家庭联产承包责任制与农村土地制度改革的思考[J]. 理论导刊，2004，(8)：44-46.

第3章 四川省农村人口发展现状

3.1 四川省农村人口总体概况调查

基于对问题的细化研究，为更细致分析四川省农村人口的现状，课题组于 2011 年 8 月在成都市、达州市、广安市、巴中市、南充市、资阳市等地区展开了问卷调查，补充了四川省人口计生委的相关调查结果，进一步认清四川省农村留守人口的结构特征。本次问卷共调查四川省 29 个村(附表 4)，发放农村留守老人调查问卷 135 份，收回有效问卷 120 份；发放农村留守妇女调查问卷 120 份，收回有效问卷 109 份；发放农村留守儿童调查问卷 135 份，收回有效问卷 113 份。

3.1.1 四川省农村农民居住方式

通过对四川省各地区 29 个村及川外 3 个村进行调查可以得知，四川省地形复杂多样，包含四川盆地、青藏高原、横断山脉、云贵高原、秦岭—大巴山山地等几大地貌单元，地跨中国地势第一及第二阶梯，西高东低，由西北向东南倾斜。整个四川省除了四川盆地多以山地为主，较为平整的地区均被城市所占，农村地势曲折。因此整个四川省多数农村均为分散居住。四川省农村农民居住方式如表 3.1 和图 3.1 所示。

表 3.1　四川省农村农民居住方式　　　　　(单位：人)

编号	地址	村民居住方式：集中	村民居住方式：分散
1	巴中市南江县寨坡镇溪口村	10	24
2	广安市武胜县中心镇清滩村	0	237
3	广安市武胜县华封镇永寿村	0	564
4	南充市高坪区清溪镇王家店村	459	230
5	南充市仪陇县新政镇长里扁村	0	401
6	南充市仪陇县复兴镇复兴村	210	100
7	南充市高坪区老君镇凌云山村	0	88

续表

编号	地址	村民居住方式：集中	村民居住方式：分散
8	资阳市雁江区清水镇白马村	102	347
9	资阳市雁江区迎接镇浸水村	0	608
10	资阳市雁江区南津镇新店村	500	452
11	广安市乐池县镇龙镇观音岩村	0	216
12	广安市乐池县镇龙镇丁家店村	226	0
13	达州市宣汉县三墩乡大窝村	200	430
14	达州市宣汉县三墩乡大河村	0	547
15	达州市宣汉县三墩乡燕河村	0	486
16	达州市宣汉县三墩乡月亮村	0	311
17	达州市宣汉县三墩乡梨树村	0	306
18	达州市大竹县石子镇雨坛村	0	1050
19	达州市大竹县石子镇民主村	0	730
20	达州市大竹县石子镇白安村	0	1250
21	西昌市盐源县博大镇砖楼村	200	150
22	攀枝花市米易县得石镇草坝村	258	34
23	达州市宣汉县五宝镇高梯村	0	1518
24	达州市大竹县庙坝镇五桂村	434	0
25	泸州市泸县得胜镇上顶山村	0	1217
26	阿坝州市汶川县水磨镇响黄沟村	120	16
27	成都市青白江区红阳街道镇红锋村	0	648
28	成都市青白江区福洪乡杏花村	858	391
29	成都市青白江区福洪乡先锋村	0	904
	总计	3577	13255

资料来源：本课题组调查统计数据。

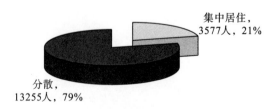

集中居住，
3577人，21%

分散，
13255人，79%

图 3.1　四川省农村农民居住方式

3.1.2　农村人口基本情况

1. 性别比例

接受问卷调查的农村总人口为 62773 人，其中男性 33945 人，所占比例为 54.08%；女性 28828 人，所占比例为 45.92%。男女性别比为 1.18，远超过四川省男女性别比 1.03，男性明显多于女性。

2. 分年龄人口

将参与调查的人口按照年龄段来分类：处于 0~14 岁年龄段的人口所占比例为 18.34%；处于 15~65 岁年龄段的人口所占比例为 63.57%，低于四川省平均水平 70.08%，劳动力是严重不足的；65 岁以上的老人所占比例为 18.1%，可知我国四川省农村人口老龄化现象十分严重，远超四川省的平均水平 10.95%。

3. 受教育程度

通过表 3.2 可以看出，四川省农村人口受教育程度普遍比较低，有 37.44% 的人为初中文化水平，36.62% 的人只读到小学。另外还有 7.52% 的人是文盲，这些主要由老年人口组成，这些数据与四川省第六次全国人口普查数据相符。

表 3.2　农村人口基本情况以及与四川省的比较

项目		问卷调查		四川省	
		调查人数/人	比率/%	人数/万人	比率/%
分年龄人口	0~14 岁	11511	18.34	1364.71	16.97
	15~65 岁	39902	63.57	5796.49	72.08
	>65 岁	11360	18.10	880.55	10.95
性别	男性	33945	54.08	4082.78	50.77
	女性	28828	45.92	3958.97	49.23
受教育程度	大学(大专)	2222	3.54	520.98	6.48
	高中	9343	14.88	904.59	11.25
	初中	23503	37.44	2805.83	34.89
	小学	22986	36.62	2784.66	34.63
	文盲	4719	7.52	496.04	6.17
劳动力人数		33561	53.46	5796.49	72.08
外出打工人数		18453	54.98	—	—

资料来源：四川省第六次全国人口普查主要汇总数据。

4. 劳动力人数

在调查的 62773 人中，有 33561 人为有效的劳动力人数；其中有将近 55％的劳动人离开农村离开土地外出打工。

5. 村集体主要经济来源

在接受问卷调查的 29 个村里，约 1/2 的村子是依靠农产品外销获取收入，所占比例为 46.88％，如图 3.2 所示。还有一部分是依靠村里进驻工厂带来经济效益，所占比例为 31.25％。有 50％的村子是依靠畜牧业等来发展村里的经济。值得重视的是，有 55.17％的村子是依靠村民外出打工来获取经济收入。仅有一个村子是依靠旅游业来发展经济。

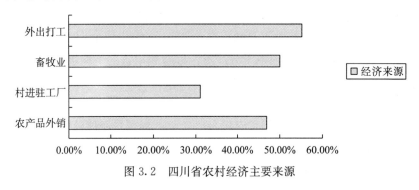

图 3.2　四川省农村经济主要来源

3.2　四川省农村外出劳动力（农民工）现状调查

接受问卷调查的 29 个村子共 62773 人，其中 33561 人为有效的劳动力人数；通过问卷计算可得有 55％的劳动人离开农村离开土地外出打工。2006 年 3 月，国务院公布的《国务院关于解决农民工问题的若干意见》指出：“农民工是我国改革开放和工业化、城市化进程中涌现出的一支新型劳动大军。他们户籍仍在农村，主要从事非农产业，有的在农闲季节外出打工、亦工亦农，流动性强。有的长期在城市就业，已成为产业工人的重要组成部分。”为此专题研究农民工，并且基于调查（2010 年 8 月），对四川省外出劳动力进行分析。

3.2.1　农民工的概念

和农民工相关的概念包括农民、工人、市民，对这些概念进行阐述有利于理解农民工的内涵和演化过程。

（1）农民。从本源意义来说，“农民”只是一个职业概念，指的是从事农业生产劳动和取得土地经营收入的那部分劳动者。然而，在中国特定的二元社会结构下，特别是二元户籍制度条件下，农民又代表着一种身份，使得中国的农民相对于市民在权利等社会特征上明显弱化。在中国，人们谈到"农民"时想到的并不仅是一种职业，而且也是一种社会等级，一种身份或准身份，一种生存状态，一种社区乃至社会的组织方式，一种文化模式乃至心理结构。

(2)工人。和农民一样，"工人"是一个职业概念，通常是指为挣工资而被雇用从事体力或技术劳动的人，他们本身不占有生产资料，只能通过自己的劳动才能获得工资性质的收入。工人一般指工厂中生产工序的人，除了工厂的管理者外，都称为工人。工人在工业生产中处于非常重要的地位，在社会主义国家的共产主义时代，工人的地位被推至至高无上；而在发展国家或贫穷国家，工人是地位最低层人民的贬称，作为工人阶层会受其他人(尤其是城市居民)的歧视。

(3)市民。在本书中，"市民"一词是指在城市居住并拥有城市户籍，享有居民身份及充分权利的社会成员；这是和农民相对应的称呼，典型特征在于城市户籍和农村户籍的区别。一般来讲，市民具有以下4个特征：具有城市户籍，生活工作在城里，从事非农产业，意识、行为方式和生活方式等与城市文化相联系。

(4)农民工。尽管农民工这一称谓已经为人们所熟知，但究竟如何界定农民工，迄今为止还没有明确的、公认的说法。目前，关于农民工的概念，学术界从经济学、法学、社会学等不同角度进行了探究。在经济学意义上，农民工被看成一个特殊的"阶层"或特殊的群体。陆学艺[1]于2004年在他的阶层理论中，将农民工界定为"一个阶层"，包括"离土又离乡"进城就业的城市农民工和"离土不离乡"乡镇企业就业的农民工两个类型。张秋生[2]于2003年把农民工定义为计划经济向市场经济转型过程中形成的一种特殊群体，是指常年或大部分时间在城市企业务工，但户籍仍在农村的一部分群体。他们的户籍仍在农村，但是他们已经来到城市，不同程度地融入城市社会，不再从事农业生产，把这部分人定义为农民工。在法学意义上，对农民工概念的界定，主要在于确立农民工的社会权利及义务。认为农民工是拥有这样一种法律特征的群体：身份上是农民——他们在农村长期从事农业生产，户口是农业户口，家在农村，在农村承包有土地，上缴国家和地方政府的各项税收，履行农民的义务；但是，他们在职业上是工人——个人不占有生产资料，只靠工资收入为生(多指体力劳动者)。在工厂，他们被称为工人或员工，回家就成了农民，就是常说的"候鸟式"群体，呈现出从农民到市民、从农民到工人的过渡性特征。在社会学意义上，农民工是一个身份加契约的称谓，他们身兼"农民和工人"的双重使命。张雨林[3]于1984年最早提出农民工一词，认为其称谓有两层含义："农民"是身份，"工人"是职业。他们来自农村，却活跃于城市，通过其有目的的活动即劳动，创造社会财富，推动城市建设发展。袁方认为"农民工"是农民工人的简称，是指从身份上属于农民而从农民中分化出来主要从事非农产业的、通过劳动获得工资收入的社会劳动者，但不包括私营企业主和个体劳动者。

3.2.2　农民工的特征

综合不同角度对农民工的定义可见，农民工是农民分化的结果，是经济社会转型期的特殊群体，是指拥有农业户口但离开土地从事非农经济活动的劳动者。从身份上说他们是农民，但职业上已经是工人。广义的农民工一般泛指所有从事非农生产活动的农民，即城乡非农产业(二、三产业)转移的农村剩余劳动力；狭义的农民工一般是指跨区域进城务工的一类"离土又离乡"的农民工，即由农村迁往城市并常住城市工作、生活而户籍上仍为农村人口的劳动力。本书所指的农民工是狭义层面上的农民工，即那些离土离乡、从农村带着"城市梦"进城的务工人员。

基于农民工概念的分析，可推出农民工的特点：①社会角色的双重性，农民工户籍身份是农民，而职业是工人，他们承担了农民和工人的双重角色，履行农民和工人的双重义务；②城乡地域的流动性，农民工的土地、房产、亲戚关系在农村，若农民工有耕作，则因季节变化往来于城乡之间，农忙回家务农，农闲进城务工；若农民工无耕作，则因节假日往来于城乡之间，工作日在城市，节假日(特别是春节)在农村；③组织的无序性，农民工进城务工或从事非农产业基本是在对城市预期分析的基础上自主进行的抉择，同时，迁移的途径大多是经亲朋好友、乡亲邻里等介绍进城，在组织上是无序的，全凭自主抉择；④身份低下，在中国，近些年对农民和工人都存在歧视，而兼有两者双重身份的农民工即被视为身份低下的典型代表，受到更为严重的歧视；⑤城市边缘化，就业非正规化、居住边缘化、生活孤岛化、社会名声污名化、发展能力弱化等使得农民工游离于城市边缘，从行政管理上讲，农民工是没有获得城市户口的农民，从政治地位上讲，他们不被承认为产业工人(就业很不稳定，更换工作极为频繁)，从经济待遇上讲，他们没有市民所拥有的起码的劳动福利保障，因此，工作性质、社会地位、经济地位都与市民存在极大反差，城市对农民工的"经济吸纳与社会排斥"，使之难以进入城市主流社会，处在城市边缘，成为边缘人群；⑥历史的过渡性，农民工是我国特殊二元城乡制度的产物，是从传统向现代社会转型而孕育出的一种过渡性的特殊社会群体，随着二元经济社会结构向一元化的迈进，农民工也将终结。

3.2.3　四川省农民工的形成、发展与规模

目前国内农村剩余劳动力在省际、省内间流动，实现劳动力资源合理配置，

是劳动力互惠互利的重要形式,对解决乡村富余劳动力就业,满足劳动力不足地区的需要,加速基本建设的进程和经济全面发展,以及加强国内外交流等具有重要意义。

农民工进城已成规模并将持续,但进城的方式是什么呢? 据调查,农民工进城方式与中国的传统文化中"走关系"有很大牵连,社会网络关系是他们进城的主要助推器。具体主要是通过"三缘"关系,即亲缘、地缘、人缘,互帮互带,结群性输出方式。亲缘关系是舅子老表加姑爷的关系,肥水不流外人田的做法,特点是"团结一家亲";地缘关系是乡里乡亲,朋友同学加战友的关系,有钱大家挣,有难大家担的做法,特点是"友爱成兄弟";人缘关系就是在务工地结识一批志同道合的朋友,并通过朋友邀约了一批有技术、有头脑,肯实干的人,大家共同打拼,共同挣取劳动报酬的做法,特点是"奋进好创业"。除此之外,企业招工、政府劳动服务组织介绍、自由闯荡等也是他们进城务工的一些方式。

四川省内农民工输入的主要地区:大规模开展基本建设的地区,劳动强度大、劳动条件差的工矿区,技术力量不足地区(广大乡村乡镇企业),以及结构性劳力不足的大城市。具体包括成都市、德阳市、绵阳市等的主城区及其他发达市县域。而四川省农民工输出的地区:主要是广大乡村劳动力富余地区和贫困地区(边远山区和灾区)。主要集中在百万人口大县等丘陵大县,如三台、仁寿、射洪、安岳、乐至、资中、渠县、大竹、南部、富顺、泸县、仪陇、宜宾、广安区、邻水、达县、宣汉等。

从国内人口可以真正意义上的自由流动以来,即 1978 年改革开放以来,四川省农民工(当时可能不称为农民工,但本质是一样的)经历了以下几个发展阶段。

1. 1978 年以前:封闭单一转移阶段

1978 年全省农村就业劳动力中,从事工副业的劳动力只有 119 万人,仅占农村就业总劳动力的 4.5%。主要原因是受户籍等政策限制,农村人口无法流入城市,也更不能经商买卖等,农民仅能以经营农业为职。

2. 1979~1988 年:转移起步阶段

改革开放后,由于家庭联产承包政策极大地调动了农民责任田生产的积极性,加之国家大幅度提高农产品收购价格,农民有足够的生活的粮食资本,暂时弱化了农民向非农领域转移的冲动。1984 年以后,乡镇企业得到国家政策、资金、税收等方面的大力扶持,突破了原来的"三就地"(就地取材、就地加工、就地销售)限制,可以远距离自由流通,使得农民紧跟企业流通。从那时起,四川省农村从事非农产业的劳动力平均每年以 20% 的速度递增,年均转移增加 60

多万人。1988 年，农村从事非农产业的劳动力比重上升到 13.15％。当然，那个时间段农民工大多集中于乡镇，进入大城市的有限。

3. 1989～1991 年：转移停滞阶段

由于多种原因，国民经济总体停滞，已经流入城市的农民工有的又回返农村，加之大量的农村人口进入劳动年龄，农村劳动力总数 1991 年净增 287 万人，使得滞留农村的劳动力剧增，农村劳动力就业压力相应加大。

4. 1992～1996 年：加速转移阶段

1992 年初，邓小平同志南巡后，城市非国有经济高速发展，乡镇企业也跨入了高速增长的轨道，两方面共同推动着农村劳动力大规模转移。四川省委、省政府为因应农村劳动力的有序转移输出，于 1993 年成立了四川省劳务开发领导小组，并设立办公室，专司劳务开发协调、管理工作，四川省的劳务开发工作从农民工自发外出走上了规范之路。到 1998 年，四川省农村劳动力向非农产业转移 968.8 万人；农民向城市流动的速度加快，跨省输出就高达 550 万人。

5. 1997～2000 年：转移调整阶段

1997 年，资源型乡镇企业因为污染环境被强行关闭淘汰数万家，乡镇企业改制导致对农村劳动力的吸纳能力下降，跨省劳务也受影响，1997 年，四川省输出省外仅 365 万人，比 1996 年减少 153 万人。

6. 2000～2008 年：稳定上升转移阶段

在此期间，四川省把劳务输出作为经济发展的重要战略措施，深入贯彻落实科学发展观和党的十七大精神，抓四川省劳务开发的可持续发展。研究城乡统筹的大趋势，着力推进劳务开发增长方式由数量扩张型向素质并重型转变；着力推进人力资源优势向人才优势转变、自然资源优势向经济优势转变的思路和路径；从宏观层面上，围绕一个中心，明确三项任务，建立五大机制，落实八项制度，实现四个转变。

围绕一个中心：促进农民充分就业和增加农民收入。培训后农民工 80％能上岗，农民工收入年增长不低于 200 元。

明确三项任务：巩固扩大转移输出规模，提高农民工培训效益，保障农民工合法权益。

建立五大机制：建立多元化投入机制、多渠道培训机制、产业化运作机制、全方位服务机制、多体系保障机制。

落实八项制度：落实城乡统筹就业制度、政府主导与市场机制相结合的培训制度、农民工劳动权益保护制度、农民工社会保障制度、城乡统一的公共服务制度、农民工户籍管理制度、农民工承包土地经营制度、农民工社会管理制度。

实现四个转变：实现劳务开发大省向劳务经济强省转变，劳动力资源向劳动力资本转变，农民工外出务工向融入城市转变，农民工由就业型向创业型转变。

为实现以上目标，四川省政府先后命名 100 家省级劳务培训基地，11 家外派劳务培训基地，50 个劳务开发大县，19 个外派劳务基地县，18 个省级劳务开发龙头企业，倾全力打造具有四川省特色的"川妹子""川厨师""川建工""川缝纫""川电子工""川数控工""川保安"等劳务品牌，提升了农村劳动力的务工素质，提高了农村劳动力转移输出的质效。2000 年省委决定，每两年由省政府召开一次全省劳务开发表彰大会，对全省各级各界劳务开发有功人员予以表彰嘉奖，2000~2008 年连续召开 5 次表彰大会，表彰了一大批劳务开发的先进单位和先进个人，劳务开发工作上了新台阶。2008 年，四川省全省农民工 2023 万人，四川省常年出省务工的人数由 1998 年的 400 万人增加到 2008 年的 1280 万人，年均增长 12.3％，省内转移 743 万人，年均增长比省内转移高 10 个百分点。提高了全省上下抓劳务的积极性和热情。

7. 2008 年汶川大地震及经济危机对农民工转移的影响

对于四川省农民工来讲，2008 年是一个大转变的年份，首先是汶川大地震后政府的大力投资兴业及人民重建家园对劳动力的需求；其次是全球性的金融危机引发的经济危机，对中国以劳动密集型的制造业为主的极大冲击，降低了对农民工的需求迫使农民工失业返乡；这两个原因糅合在一起，使 2008 年年底之后四川省农民工出现了一个现象，就是从之前跨省到东部沿海务工为首选转变成以在省内短距离迁移务工为首选。这个转变对于四川省农民工市民化意义是重大的，因为多数农民工选择市民化的对象城市是就业所在地，四川省便开始面临着更大规模的农民工群体及市民化群体。

3.2.4　四川省农民工结构分析

农民工群体数量巨大、角色复杂，但这一群体有鲜明的结构性特征。不管年龄、文化还是职业等都具有很强的群体性。

1. 据 2009 年四川省劳动与社会保障厅统计结果

(1)年龄结构：18 岁以下占 4.51％，18~49 岁占 82.43％，50~59 岁占 12.55％，60 岁以上占 0.51％。

(2)性别结构：男性由 2004 年的 72.6％下降到今年的 67.6％，女性由 2004

年的 27.4% 上升到今年的 32.4%。

(3)文化结构：中专文化、高中以上文化程度占 17.5%，初中文化程度占 35.5%，小学及文盲占 47%。农民工通过广播、电视等现代媒体获取知识的占 40%，向别人学习或者跟师学艺的占 12%，从科技人员传播获得知识的仅占 13%，受过职业教育和培训的占近 25%。

(4)分布区域：主要集中在东部、南部沿海发达地区。其中广东 420 余万人，浙江 250 余万人，福建 120 余万人，北京 120 余万人，东三省 50 余万人，华中 50 余万人，西北(陕甘宁青新五省)80 余万人，西南(重庆、云南、贵州)30 余万人。

(5)行业分布：一、二、三产业均有，一产业比例约 8%(主要从事大棚种植和良种培育)，二产业约占 64%(主要在建筑行业)，三产业约占 28%。

2. 2010 年 8 月基于成都市、德阳市、宜宾市、南充市农民工的调查

1)进城方式

由表 3.3 可以看出，四川省进城方式中，以外地亲友联系、农民工老乡介绍为主，即"三缘关系"，其次是自己闯荡，三者所占的比重达 85.51%。并且全省、成都市、德宜南三区在以上三者的比例是接近的，即整个农民工的进城方式基本一样，以社会关系和自己闯荡为主。

表 3.3　四川省农民工进城方式

进城方式	四川省(N=283)		成都市(N=180)		德阳、宜宾、南充(N=103)	
	人数/人	比率/%	人数/人	比率/%	人数/人	比率/%
外地亲友联系	69	24.38	44	24.44	25	24.27
农民工老乡介绍	102	36.04	64	35.56	38	36.89
外来企业招工	6	2.12	1	0.56	5	4.85
政府劳动服务组织介绍	5	1.77	1	0.56	4	3.88
村集体外出	2	0.71	1	0.56	1	0.97
自己闯荡	71	25.09	50	27.78	21	20.39
其他	28	9.89	19	10.56	9	8.74

注：有些人数加总不等于 N，是因为有的人没有选择问卷的此题目，如这一题有两人没选，算比例时仍按 N 计算，以统一标准。因此部分比率加总不等于 100%，而是 99% 左右，误差不影响结论。后面几个表格也都如此计量。

2)具体职业结构

由表 3.4 可以看出,农民工主要集中在工厂打工、企业上班和美发、餐饮等服务业,就是所谓的"打工仔",两者超过 50%。

表 3.4　四川省农民工就业结构

就业结构	四川省(N=283)		成都市(N=180)		德阳、宜宾、南充(N=103)	
	人数/人	比率/%	人数/人	比率/%	人数/人	比率/%
自己是老板	31	10.95	23	12.78	8	7.77
工厂打工、企业上班	102	36.04	74	41.11	28	27.18
城市建筑	10	3.53	1	0.56	9	8.74
城市保洁	10	3.53	2	1.11	8	7.77
美发、餐饮等服务业	44	15.55	26	14.44	18	17.48
小摊小贩	39	13.78	21	11.67	18	17.48
废品收购	10	3.53	0	0.00	10	9.71
其他(门卫、搬运等)	35	12.37	31	17.22	4	3.88

3)居住结构

由表 3.5 可以看出,农民工绝大部分是租房,高达 80%左右;还有部分是工厂的公寓,甚至是板房工棚。需要深思的是,适合低收入的经济适用房,农民工却没有机会获得,在调查的 283 个农民工当中,仅有 2 个拥有经济适用房。

表 3.5　四川省农民工居住结构

居住结构	四川省(N=283)		成都市(N=180)		德阳、宜宾、南充(N=103)	
	人数/人	比率/%	人数/人	比率/%	人数/人	比率/%
工厂企业公寓	24	8.48	13	7.22	11	10.68
租房	220	77.74	147	81.67	73	70.87
经济适用房	2	0.71	1	0.56	1	0.97
板房工棚	15	5.30	4	2.22	11	10.68
其他(包括买房)	21	7.42	15	8.33	6	5.83

3.3　四川省农村留守人口生存现状分析

随着社会、经济的转型,以及户籍制度的放宽,中国很大一部分人口,尤其是农村人口,开始流动。由于城镇的吸引力,农村人口更多地表现出一种上位流动，即相对来说更加具有优势的人口群体从农村流入城市，他们体力更充沛，文化水平更高，眼界更开阔。一方面大量优质劳动力的进入，给城镇发展注入了新的活力，另一方面，随着精英劳动力流出，资金、技术、知识等优质要素也在不断流失。而这些要素，尤其是优秀人力资源的缺乏给社会主义新农村建设带来了极大的困难，也让越来越"空壳化"与"两级化"的农村出现了许多的特殊问题。

留守人员不但要承受对亲人的思念之苦，还要肩负起生活与生产的重担。本身弱势的他们已经不堪重负，老人得不到日常与疾病照料；妇女要一肩挑起整个家庭；儿童缺乏应有的监护导致教育和心理出现双重问题。同时生活质量偏低，精神生活贫乏，农村的留守人员，处境堪忧。

3.3.1　四川省农村留守老人生存现状

1. 留守老人的定义

在我国目前只有少数的学者在自己的著作中界定了"留守老人"的概念：①周福林[4]定义为"子女外出时老年人留守在户籍地 60 岁以上（或 65 岁以上）的人"；②杜鹏等[5]定义为"家庭（是指血缘家庭，包括老人所有的儿子和女儿）中有子女外出务工的 60 岁及以上的农村老年人"；③王乐军[6]定义为"常住农村的老人，年龄满 60 周岁，其子女及子女配偶因外出工作均常年不在本村居住者"；④叶敬忠、贺聪志[7]定义为"有户口在本社区的子女每年在外务工时间累计在 6 个月及以上，自己留在户籍所在地的农村留守老人"。综合上述概念，本书认为，留守老人是子女常年在外务工且每年累计工作时间在半年及以上，年龄满 60 周岁，留守农村的老年人。

2. 接受调查的留守老人现状

基于对问题的细化研究，为更细致分析四川省留守老年人的现状，课题组于 2011 年 8 月在整个四川省农村展开问卷调查。本次调查共发放问卷 135 份，收回有效问卷 120 份。

（1）年龄结构。从表 3.6 可以看出，所调查的留守老人集中在 60～79 岁，与全国留守老人的年龄分布基本吻合。根据年龄，可把留守老人分为低龄留守老人（50～59 岁）、中龄留守老人（60～79 岁）和高龄留守老人（80～89 岁）。

表 3.6　四川省留守老人现状

项目	类别	人数/人	比率/%
年龄	50~59 岁	6	5.00
	60~69 岁	62	51.67
	70~79 岁	40	33.33
	80~89 岁	12	10.00
	≥65 岁	105	87.50
受教育程度	文盲	46	38.33
	小学	56	46.67
	初中	13	10.83
	高中或中专	1	0.83
	大专以上	1	0.83
	空缺	3	2.50

资料来源：本课题组调查统计数据。

（2）性别结构。在接受调查的 120 个留守老人中，男性 65 人，所占比例为 54.17%，女性 55 人，所占比例为 45.83%，性别比为 118.18，男性数量远远高于女性。

（3）文化构成。在抽样调查的 120 个留守老人中，其中 85% 受教育程度仅为小学及以下，其中更是有近 40% 的人是文盲或半文盲（不识字或略识字），只有 10.83% 的留守老人拥有初中文化水平（图 3.3）。由此可见，留守老人受教育程度普遍很低。

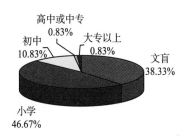

图 3.3　四川省农村留守老人受教育程度

（4）从调查的留守老人的家庭情况来看，34.17% 的留守老人独自留守，60.83% 的留守老人和配偶共同生活，47.5% 的留守老人同时要照顾孙辈。而且基本上 51.67% 的留守老人都要从事很多农业生产，如农田播种、收获施肥等。从所调查的数据来看，很多留守老人集农业生产劳动及照料孙辈于一身。留守老人平日生活内容见表 3.7。

表 3.7　留守老人平日生活内容

项目	人数/人	比率/%
耕地、务农	62	51.67
带小孩	57	47.50
打临时工	11	9.17
串门、聊天、打麻将	45	37.50
无所事事	14	11.67
其他	12	10.00

资料来源：本课题组调查统计数据。

(5)居住条件。从表 3.8 可见，在接受问卷调查的 120 个留守老人中，有 24.17% 的老人住在土砖房里；住在砖瓦房里的老人为 49 人，占 40.83%；住在水泥板平房里的老人占 30%。根据以上调查显示，大多数留守老人居住环境不差，但是有 3 人目前居住在漏风漏雨的土砖房之中，情境凄凉。

表 3.8　留守老人居住情况

目前居住的房子	人数/人	比率/%
土砖房，漏风漏雨	3	2.50
土砖房，能遮风挡雨	26	21.67
砖瓦房	49	40.83
水泥板平房、小洋楼	36	30.00
其他	6	5.00

资料来源：本课题组调查统计数据。

3.3.2　四川省农村留守妇女生存现状

1. 留守妇女概念的界定

所谓"留守妇女"，通常是指因户籍同在一家庭的丈夫常年外出（半年及以上），而被迫独自承担起家庭中劳动、抚养、赡养等本应夫妻双方共同承担的责任的妇女。随着农业机械化的逐步推广，农村男劳动力外出打工已渐成潮流，留守妇女的队伍已日渐扩大。留守妇女问题直接影响着当地经济的发展，更关系到家庭的和谐、社会的稳定，这是社会主义新农村建设进程中必须引起高度注意和切实需要解决的问题。

2. 接受调查的留守妇女生存现状

基于对问题的细化研究，为更细致分析四川省留守妇女的现状，课题组于

2011 年 8 月在整个四川省农村展开了问卷调查。本次调查共发放问卷 120 份，收回有效问卷 109 份。

(1)本次接受问卷调查的 109 名妇女，年龄最小的 20 岁，最大的 60 岁。其中有 3 人没有小孩；34 人只有一个小孩，占 34.19%；有 60 人有两个小孩，其余 12 人有 3 个或者 3 个以上的小孩。

(2)健康状况。从表 3.9 可见，在 109 名留守妇女中身体很健康的有 52 人，占 47.71%；偶尔有小毛病的有 46 人，占 42.2%；有慢性病的占 9.17%；有一人有严重疾病。在调查中，有些留守妇女年龄并不大，仅为 20～30 岁，由于农业耕种劳动强度大，很早就得了风湿等疾病。

表 3.9 四川省农村留守妇女生存现状 1

项目	健康状况	人数/人	比率/%
健康状态如何	很健康	52	47.71
	偶尔有小毛病	46	42.20
	有慢性病	10	9.17
	有严重疾病	1	0.92

资料来源：本课题组调查统计数据。

(3)农村留守妇女平时生活的主要内容为耕地、务农，打工、上班或做临时工，带小孩，以及照顾老人，见表 3.10。

表 3.10 四川省农村留守妇女生存现状 2

项目	生活内容	人数/人	比率/%
平时生活	耕地、务农	50	45.87
	打工、上班或从事临时工	56	51.38
	带小孩	57	52.29
	照顾老人	34	31.19
	其他	8	7.34
	空缺	2	1.83
家中承包地如何处置的	自己耕种	58	53.21
	转租别人耕种	30	27.52
	耕地由集体经济组织收回	6	5.50
	撂荒，无人耕种	15	13.76

资料来源：本课题组调查统计数据。

(4)经济收入。从表 3.11 可知，在接受问卷调查的 109 名妇女中，每月经济收入主要集中在 101～500 元、501～1000 元和 1001～2000 元这三个段上，所占比例分别为 25.69%、39.45% 和 20.18%。其中 501~1000 元这个段上的人最多,有 43 人。另外有 10 名留守妇女每月收入在 100 元以下,有 6 名留守妇女每月收入在 2000 元以上,留守妇女间收入差距较大。从表 3.11 还可知,大多数留守妇女的丈夫在外出打工的过程中可以为家庭创造出很大经济价值。

表 3.11　四川省农村留守妇女家庭收入现状

项目	单位/元	人数/人	比率/%
	100 以下	10	9.17
	101~500	28	25.69
您每月的收入是多少	501~1000	43	39.45
	1001~2000	22	20.18
	2000 以上	6	5.50
	<500	1	0.92
	501~1000	2	1.83
	1001~2000	5	4.59
您丈夫每年务工能赚多少钱	2001~3000	8	7.34
	3001~5000	17	15.60
	>5000	75	68.80
	空缺	1	0.92

资料来源:本课题组调查统计数据。

3.3.3　四川省农村留守儿童成长和教育面临的突出问题

1. 留守儿童相关概念

(1)留守,是指留下来,不离开某地。本书在空间属性上限于农村,而在对象属性上限于未成年人。本书所涉儿童的年龄范围应为十六周岁以下的无(限制)民事行为能力人,和已满十六周岁不满十八周岁无法以自己的劳动收入为主要生活来源的需要依靠监护人供养的未成年人。这与联合国公约及我国民法通则中对儿童的定义基本吻合。

(2)农村留守儿童。本次研究是将户籍在农村的单位家庭,其父母一方或双方离开户籍地去外地务工,留下那些无法以自己的劳动收入为主要生活来源的需要依靠监护人供养的未成年人称为农村留守儿童。

(3)留守儿童的监护人。监护人是指对无行为能力或限制行为能力的人的人身、财产和其他合法权益,负有监督和保护责任的人。一般而言,未成年人、精神病患者及其他不能完全控制自身行为的人都应设置监护人。因此，本书中留守儿童监护人是指父母外出之后实际承担照顾儿童，行使监护职责的父母单方、祖辈、亲友等人。

在一些文章和新闻报道中常会出现把留守儿童与问题儿童相提并论的说法，甚至有人认为留守儿童就是问题儿童的群体之一。但实际上留守儿童的定义只是对其留守的原因、监护状态、生活、学习情况进行了界定和描述；而在问题儿童的定义中，各种与社会不相适应的畸形行为是问题儿童的特征。从留守儿童的常见行为来看，多是一些说脏话，不懂礼貌、不讲卫生等行为；少数留守儿童的严重问题行为表现为易怒、自私、孤僻等，而这些可以归结为失去父母关爱后的正常反应范围内。而问题儿童则表现为一系列的生理、心理的畸形状态，他们难以与人正常交往，无法遵守儿童应遵守的社会规范，在处理事务、学习等方面与其他非留守儿童在行为特征上有明显区别[8]。虽然问题儿童和留守儿童产生问题的重要原因均涉及家庭，但前者是由于父母的不良影响或缺少家教，后者是由于家庭结构不完整、父母缺位，而后者非必然导致家庭教育有问题。因此，问题儿童是一种贬义描述，而留守儿童仅是中性表述。虽然一些留守儿童的行为与问题儿童有相似的地方，但留守儿童不能一概而论等于问题儿童，之所以有一些人混淆二者的界限，是因为他们把留守儿童中出现问题的一小部分儿童放大成留守儿童整体[9]。

2. 四川省农村留守儿童现状

基于对问题的细化研究，为更细致分析四川省留守儿童的现状，课题组于2011 年 8 月在整个四川省农村展开了问卷调查。本次调查共发放问卷135 份，收回有效问卷113 份。四川省农村留守儿童生存现状如表 3.12 和图 3.4 所示。

表 3.12　四川省农村留守儿童生存现状

项目		人数/人	比率/%
年龄	0~6 岁	9	7.96
	7~16 岁	102	90.27
	16 岁以上	2	1.77
目前正在接受的教育	幼儿园	7	6.19
	小学	59	52.21
	初中	44	38.94
	辍学	2	1.77
由谁教育抚养	爷爷或奶奶、外公或外婆	64	56.64
	爸爸或妈妈	40	35.40
	其他亲戚	7	6.19
	空缺	1	0.88

资料来源：本课题组调查统计数据。

(1)留守儿童年龄结构。所调查的留守儿童中最小的4岁，最大的18岁，从表3.12可以看出，留守儿童年龄主要集中在7~16岁，所占比例为90.27%，属于接受九年义务教育年龄段。

(2)留守儿童性别结构。在接受调查的113个留守儿童中，男孩有59人，所占比例为52.21%；女孩有54人，所占比例为47.79%，性别比为109.26，男孩数量略多于女孩。

(3)目前正接受教育。留守儿童目前正在接受的教育主要为小学和初中，即正处在义务教育时期。在所调查的113个留守儿童样本中，正在读小学的有59人，占52.21%，正在接受初中教育的留守儿童有44人，占38.94%，这两项共占91.15%。另外，还有2人辍学在家务农或准备外出打工。

(4)抚养监护现状。根据留守儿童监护人的不同情况，可将目前农村留守儿童的监护情况分为隔代监护、单亲监护、亲戚监护、同代监护和自我监护五种类型。而这次抽样调查仅限于隔代监护、单亲监护和亲戚监护三种类型。隔代监护，是指由祖辈(爷爷奶奶或外公外婆)行使抚养行为的监护方式。单亲监护，是指由双亲中的一方负责抚养孩子的监护方式。亲戚监护，是指由亲戚行使监护行为的监护方式。

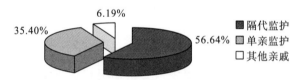

图3.4　四川省农村留守儿童由谁抚养照顾

在接受调查的113个样本中，有56.64%的留守儿童是由爷爷或奶奶、外公或外婆监护的。直接由爸爸或妈妈照顾的有40个，所占的比率为35.40%。还有7个是由其他亲戚来照顾。可见，目前农村留守儿童有很大一部分的监护属于隔代监护。

参 考 文 献

[1] 陆学艺. 对社会主义社会阶级阶层结构是"两个阶级一个阶层"论的剖析[J]. 江苏社会社科，2004，6：88 92.

[2] 张秋生. 从农民工入会谈工会建设与改革[EB/OL]. http：//www. people. com. cn[2003-8-3].

[3] 张雨林. 县属镇中的"农民工"：江苏省吴江县的调查[J]. 社会学通讯，1984，(1)：12-19.

[4] 周福林. 我国留守老人状况研究[J]. 西北人口，2006，1(107)：46-56.

[5] 杜鹏，丁志宏，李全棉，等. 农村子女外出务工对留守老人的影响[J]. 人口研究，2004，28(6)：44-52.

[6] 王乐军. 315名农村留守老人生存质量相关影响因素研究[J]. 济宁医学院学报，2007，30(1)：66-67.

［7］叶敬忠，贺聪志.农村劳动力外出务工对留守老人经济供养的影响研究［J］.人口研究，2009，33（4）：44-53.

［8］陆正良.同辈群体环境对青少年发展的影响［J］.宁波大学学报（教育科学版），2004，5：23.

［9］焦荣华.农村留守儿童的成长问题及教育策略［J］.现代企业教育，2007，（1）：196.

第4章 四川省农村人口生活、生产和发展问题

4.1 四川省农村留守人口存在的问题

4.1.1 四川省农村留守老人存在的问题

随着子女纷纷外出务工，农村留守老人群体的不断扩大，带来的一系列社会问题不容忽视，主要表现在以下几个方面。

1. 经济收入不稳定，生活质量不能较好保证

由表 4.1 可知，农村留守老人的经济来源主要是依靠自己劳动所得和子女所出。留守老人通过自己劳动获得的收入普遍较少，子女外出务工通常能较好地改善留守老人的经济条件，对留守老人经济来源具有积极影响[1,2]。然而，那些需要通过自己辛勤劳动才能生活下去的农村老人就面临着很多问题。由于少地甚至无地，老人即使有劳动能力却因无法参加农业生产而导致收入很少甚至没有收入；还有一些老人虽然可以拥有大量耕地却由于自己身体欠佳而无法耕种劳动。这就使得单靠自己和老伴劳动所得的收入来生活的留守老人难以很好地满足自身的生活需求[3]。很多留守老人由于子女自己的收入也很低、子女要供孩子上学读书花销很大等多种原因而获得子女给予的生活费很少，除去购买农作物种子化肥后更是所剩无几，导致他们仍然生活拮据。

表 4.1 四川省农村留守老人经济来源

老人经济来源	人数/人	比率/%
往年积蓄	34	28.33
子女供给	86	71.67
耕作等所得	54	45.00
养老保险	23	19.17
低保	29	24.17
其他	12	10.00

资料来源：本课题组调查统计数据。

从表 4.2 可知，留守老人的人均纯收入 70.83％ 在 500 元以下，92.5％ 在 1000 元以下。除去化肥、种子以及请人干活的工价等必要的开支，老人辛苦一年的收入往往只有四五百元。

表 4.2　接受调查的留守老人每月收入

老人月收入分布	人数/人	比率/%
100 元以下	37	30.83
101～500 元	48	40.00
501～1000 元	26	21.67
1001～2000 元	4	3.33
2001 元以上	3	2.50
空缺	2	1.67

资料来源：本课题组调查统计数据。

很多留守老人的子女在外打工本身收入并不高，再加上孝道观念的不断淡化，子女对老人提供的经济支持并不稳定，没有固定的数字。平时寄回家的钱还有很大一部分是小孩生活与学习的费用。子女外出务工给老人带来的收入增加并不明显，导致日常消费水平普遍偏低，物质贫乏。不过子女外出一定程度上提高了留守老人对家庭耐用品的消费层次。

医疗问题，是留守老人主要的困扰。究其原因，首先是因为老人年老体弱，再加上生活条件偏低，患病率比较高。其次，农村医疗卫生条件有待提高，医疗机构少，医务人员少，医疗设备陈旧落后，缺医少药。再次，老年病多为突发病症，家中无人或抢救不及时，可能会错过最佳治疗时机，酿成恶果[4,5]。此外，受限于收入水平，老人经常会遇到无钱医治的情况，经常有留守老人因病返贫，甚至放弃医治。

2. 生活中缺少照料，存在的安全隐患多

子女外出打工使越来越多的农村老年人处于严重缺乏照料状态。根据调查发现，在子女外出务工后由于距离远了，没有办法照顾老人的日常生活。事实上村集体在此时也并没有起到太大作用。在这个家庭养老功能不断减弱的大背景下，村集体和政府有关部门有责任和义务为农村留守老人提供必要的经济保障和社会福利。在这些老人的子女外出务工、农业劳动的时候，为他们提供照料服务的机构往往就只有敬老院和养老院，但是这些机构由于数量很少、门槛高，并不能发挥很大的作用。农村留守老人一旦生了病，特别是生了大病后，高额的医疗费用通常会使他们因病致贫。

缺乏日常照料的老人，隐患重重。因为身体衰弱，见识浅薄，心地善良，又缺乏相关的防范意识，独居老人常常会引来不法分子的窥视，轻则实施诈骗，重则明目张胆地进行抢劫，往往能频频得手。

3. 生产劳动强度大，隔代教育造成留守老人心理负担重

大多农村留守老人为了生活不得不承担一定的家务劳动和农业生产劳动。当子女外出打工时，大多数留守老人承担起了种植庄稼的任务。同时，外出务工的子女由于种种原因大多会将小孩留给父母抚育，这样就使留守老人在下地劳动之外，又必须挑起抚育未成年人的担子。

在调查的113份儿童问卷中，由爷爷或奶奶、外公或外婆照顾的留守儿童比率为56.64%（表3.12）。留守老人平日里要照顾孙辈的生活起居，本身就增加了生活压力，增加劳动强度。当面对小孩教育方面老人的心理负担将更重，主要因为农村老年人大多数识字不多，无法辅导小孩的学习，担心小孩学习成绩差但也无能为力。其次目前农村交通、通信得到迅速改善，电视、网吧到处有，孩子在外的时间一长，老人总会担心发生一些意想不到的事情。可以说老年人管理小孩非常劳累，力不从心。

4. 精神缺少慰藉

对老人的赡养并不只是物质方面，精神上的慰藉也是不可或缺的。农村留守老人长期远离子女，最缺亲情。他们在家里默默操劳的同时，内心还承受着对子女的思念、生活的各种压力及孤独和寂寞的煎熬。他们普遍精神依托缺乏，内心失落、心理压力大、缺少安全感，由此引发一系列诸如焦虑、烦躁、压抑的不良情绪。而目前许多子女都忽视了对父母的精神慰藉和关怀，不考虑老人晚年生活中这一极其重要的需求。

由表4.3可知，目前留守老人最需要的支持包括经济方面、精神慰藉和社会保险。其中"儿女的探望和精神慰藉"所占比率最高，达到57.50%。可见老年人精神缺少慰藉这个问题十分严重。

表4.3　留守老人目前最需要的支持

老人需要的支持	人数/人	比率/%
经济支持	67	55.83
儿女的探望和精神慰藉	69	57.50
社会保险	46	38.33
劳动力	16	13.33
其他	12	10.00

资料来源：本课题组调查统计数据。

4.1.2　四川省农村留守妇女存在的问题

1. 劳动强度大，身体健康状况不容乐观

由于农村青壮年劳动力离开农村外出务工，在缺少家庭主要劳动力的情况下，农村妇女必须承担起家庭中农业生产的其他劳务。受到目前农村的生产力水平的制约，大多数农村的农业生产要依靠体力来完成，农村留守妇女必须承担着原本应该由男性来完成的体力劳动，其劳动强度相对加大了许多[6]。

由图 4.1 可知，还是有很大一部分的留守妇女自己耕种家里的土地。由于四川省农业机械化水平普遍较低，有 75% 的土地是纯人力耕作，仅有 25% 的土地为半人力半机械化耕作，因此劳动强度还是十分大的。

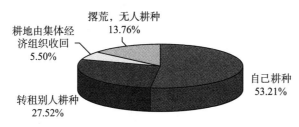

撂荒，无人耕种
13.76%

耕地由集体经济组织收回
5.50%

自己耕种
53.21%

转租别人耕种
27.52%

图 4.1　四川农村留守妇女家中耕地如何处置

留守妇女作为家里主要的劳动力，既要承担繁重的农业生产劳动，又要料理家庭事务，很多还要照顾年迈的老人，教育未成年的孩子，劳动强度大，严重损害身体健康。无休止的劳作使身体状况下降，体力大幅度透支。在承担家里的农活、操作农机时也容易受到伤害。

2. 安全感缺失，精神负担加剧

调查显示，留守妇女的安全状况急待提高。①缺乏安全稳定的环境，由于青壮年农村人口外出务工，现今农村留守人口多为老人、妇女、小孩等相对弱势的群体，基于这种人口结构的变化，农村的治安每况愈下，安全隐患频频；②易受到性骚扰性侵害，由于留守妇女本身弱势，缺乏家庭男主人的保护，给了不法分子可乘之机[7]，而事后很多受害者出于害怕闲言碎语，影响自身正常生活等方面的考虑，选择不报案，更是让此类犯罪行为越发猖獗；③家庭财产得不到有效保护，许多不法分子选择缺少男主人保护的家庭下手，小偷小摸行为不绝，甚至出现入室抢劫，给这些家庭的财产安全造成重大威胁；④缺乏安全感，由于丈夫不在家，很多留守妇女十分担心小孩上课及放学途中的安全，担心自己的人身、财产受到侵害，还时常牵挂丈夫在外务工的安全状况，一些农村留守妇女还担心被异性骚扰，担心夫妻间失去联系，担心丈夫有外遇，担心婚姻亮红灯等，据过去的调查显示，大部分留守妇女在丈夫外出务工后，有明显的不安全感。

3. 夫妻情感脆弱，家庭功能失衡

由于丈夫长期外出务工，夫妻分居两地，许多的农村留守妇女没去过丈夫打工的地方，留守妇女同丈夫每月的联系也极少，主要的沟通方式是打电话或发短信，空间距离的扩大阻碍了夫妻情感的交流，导致感情危机，久而久之使婚姻较脆弱[8]。一些外出务工的男青年受大城市物欲诱惑，感情出轨，对原来的妻子产生嫌弃心理，再加上外出务工人员一般都离家较远，夫妻双方聚少离多，缺少情感交流，造成双方的思想观念、行为方式差距越来越大，夫妻感情容易出现裂痕，导致第三者插足造成留守家庭离婚率上升，直接影响着农村留守妇女的婚姻质量和家庭稳定。

由表 4.4 可知，大多数留守妇女平日里都是通过电话和丈夫沟通，所占比率为 74.31%，另外，有 21 人平日里与丈夫基本没有沟通，这样会严重阻碍夫妻间信息和心灵沟通，为婚姻埋下隐患。

表 4.4　四川省农村留守妇女与丈夫的沟通方式

类型	人数/人	比率/%
以电话为主	81	74.31
去城里探望	8	7.34
丈夫回家探亲	48	44.04
基本没有沟通	21	19.27

资料来源：本课题组调查统计数据。

由表 4.5 可以看出目前四川省农村留守妇女最需要什么支持。经济问题属于整个农村大范围普遍存在的问题，除此之外丈夫的帮助和精神慰藉成为农村留守妇女最需要的支持。

表 4.5　目前四川省农村留守妇女最需要什么支持

类型	人数/人	比率/%
金钱支持	75	68.81
丈夫的帮助和精神慰藉	68	48.62
健康(医疗、社会)保险	49	44.95
其他	15	13.76

资料来源：本课题组调查统计数据。

4. 婆媳关系难处理，对子女疏于教育

婆媳关系自古以来就很复杂，尤其是在丈夫不在家的时候，处理好婆媳关系是留守妇女所面临的一大难题。很多留守妇女自身所受教育程度就不高，平日里为了生计，要忙于耕作、家务、赡养父母，早已精力透支，心烦意乱。对孩子，多半疏于管教，只是提供物质上的支持，认为抚育未成年人就是让其吃饱穿暖。不仅在学习上不能给予正确的指导，而且在精神上也不能尽到应尽的关怀，导致了孩子行为及心理的偏差。

由表 4.6 可知，在接受问卷调查的 109 名留守妇女中，仅有 37 人认为和公公婆婆的关系很融洽，一家人都很开心。

表 4.6　四川省农村留守妇女与家中老人相处的关系

类型	人数/人	比率/%
矛盾很大，经常吵架	5	4.59
有些小矛盾，偶尔吵架	36	33.03
平平淡淡，没啥感觉	31	28.44
很融洽、和谐、都很开心	37	33.94

资料来源：本课题组调查统计数据。

5. 闲暇时间少，文化生活单调

1）休闲的定义与意义

休闲（闲暇）是指在非劳动及非工作时间内以各种"玩"的方式求得身心的调节与放松，达到生命保健、体能恢复、身心愉悦的目的的一种业余生活。通常来说，休闲包含了自由时间、消遣活动、有意义的体验这三种因素。是人的生存整体的一个不可或缺的组成部分。这里需要指出的是，家庭生活并不等同于闲暇，很多家庭劳动是为闲暇创造条件。休闲的意义在于用闲暇时间来发展自己的良好个性，促进能量的储蓄和释放，它包括对智能、体能的调节和生理、心理机能的锻炼。能促使自身积极向上的发展，体现人的自由。这是从普遍意义上来说的，具体来说，休闲对于女性也具有特殊重要的意义。

2）留守妇女的闲暇时间

现今农村留守妇女的闲暇时间是不足的，由于丈夫外出务工，家庭主要劳动力常年不在，她们负担家务与农务所产生的所有劳动。留守妇女的闲暇时间与其所需要付出的农务劳动是成反比的。家里田地越多的妇女拥有更少的闲暇时间，她们更多的是在田间劳作，为了收成忙碌。田地较少，并且种植作物单一的妇女拥有相对较多的闲暇时间。同时，拥有闲暇时间的多少与其年龄与教育程度也有关。年轻且受教育程度高的妇女拥有更强的现代意识，自身会努力寻找闲暇时

间。而生活观念比较传统的留守妇女，闲暇时间相对也要少一些。留守妇女即使在丈夫回家时也不会拥有太多的闲暇时间，她们要照顾丈夫，花更多时间与精力在农务和家务上，以弥补丈夫常年在外打工的辛苦。

留守妇女很多时候没有纯粹的闲暇时间，通常是在休闲聊天时还不能放下手里的活计。同时闲暇时间活动也相对单一，缺乏意义。调查显示，大多数留守妇女在休闲时间中的活动只是闲聊、打牌、玩麻将等，这种现象不利于留守妇女的全面发展及自身的积极向上。

4.1.3　四川省农村留守儿童存在的问题

1. 留守儿童学习普遍较差

由于父母长期在外打工，农村留守儿童多数由爷爷奶奶或外公外婆来照顾。由于农村老年人本身文化水平普遍较低，根本无法指导孩子的学习，很多留守儿童的辅助教育得不到保障。另外，大部分留守儿童在家还要承担一定的家务活和农活，由于年龄较小，一些儿童身体上过于劳累，注意力不能集中，对待学习也只能是应付。经常不做作业，久而久之学习成绩下降。有些留守儿童还因为厌学等原因逃学辍学。

由表4.7可知，农村留守儿童的学习状况堪忧，大多数孩子学习成绩处于中等或中等偏下水平。这些留守儿童由于年龄因素缺乏学习的主动性，需要有效的监督和引导[9]，而现实条件不允许使得他们成绩平平。

表 4.7　留守儿童学习成绩情况

学习情况	人数/人	比率/%
刻苦、成绩很好	25	22.12
刻苦，但成绩不好	13	11.50
很一般	64	56.64
不想学习，成绩不好	11	9.73

资料来源：本课题组调查统计数据。

另外，还有一点需要提及的是，留守儿童的课余时间用在学习上的比较少（表4.8），多数留守儿童课余都是找同学玩（74.34%），或者看电视、上网（58.41%），或者做家务（30.09%）。不像城市儿童有各种补习班来提升学习成绩和素质。

表 4.8　四川省农村留守儿童如何安排课余时间

类型	人数/人	比率/%
做家务	34	30.09
找同学玩	84	74.34
看电视或上网	66	58.41
看课外书	41	36.28
其他	15	13.27

资料来源：本课题组调查统计数据。

2. 由于缺乏家庭和学校心理成长关注，心理容易产生偏差

留守的少年儿童正处于成长发育的关键时期，身心发育还不健全，缺乏判断力，急需思想认识及价值观念上的引导和帮助[10-12]。这个时候，社交活动对他们身心的成长有着重要的影响。农村留守儿童的社交状况主要从以下 4 方面体现。

1）父母的关系

调查结果表明，父母外出打工后，多则一年半载，少则数个月才能相聚，他们与留守儿童聚少离多，沟通少，远远达不到其作为监护人的角色要求。双亲关爱的缺乏以及对父母长时间的想念极大地影响了留守儿童身心的发展。

由表 4.9 可知，在接受调查的 113 名留守儿童中，有 41 人经常可以见到自己的父亲或者母亲，占 36.28%。而这些孩子之中又有很大一部分是由妈妈单独照顾，而父亲外出打工。有 17 人的父母在村子附近的县城里打工，因此每个月都可以见面。占有比率 23.01% 的留守儿童只有在放寒假的时候才能看到父母，在外打工的父母在过年的时候回来几天，过完年又匆匆离去，和孩子、父母待在一起的时间少之又少。另外，还有 29 名留守儿童一年甚至是超过一年才能看到自己的父母，平时与父母的电联也少之又少。

表 4.9　目前四川省农村留守儿童内心现状以及与父母的联系

项目	类型	人数/人	比率/%
多久和爸爸或妈妈见面一次	经常（每周）	41	36.28
	一个月内	17	15.04
	仅寒暑假见面	26	23.01
	一年及以上	29	25.66

续表

项目	类型	人数/人	比率/%
如果你不开心，是为什么	学习不好	53	46.90
	爸妈不在身边关心我	71	62.83
	没人和我玩	20	17.70
	家务事太多	5	4.42
	其他	11	9.73

资料来源：本课题组调查统计数据。

从表 4.9 可以看出，有 62.83%(71 人)的留守儿童的父母没有在身边直接照顾自己，从而因此产生精神上的不愉快甚至是病症。另一个导致留守儿童焦虑、不开心的主要原因就是学习不好，占 46.90%(53 人)，这也印证了上一个留守儿童存在的问题。

2)与监护人的关系

本调查显示，监护人是留守儿童的爷爷奶奶或外公外婆的占 56.64%，监护人是留守儿童的亲戚的占 6.19%。相当一部分留守儿童的监护人在教育上没有足够的重视，也没有给予留守儿童特别的关爱，导致一些留守儿童心理产生偏差。遇到困难或不高兴的事时，留守儿童很多时候都不知道跟谁诉说。同时，有很多留守儿童与父母以外监护人的关系很差。前面老年人隔代教育精神压力大也表明，这些监护人与留守儿童的交往缺乏主动性，代际关系不和谐会非常不利于孩子的成长。

3)与老师的联系

农村学校很少开家长会，大部分农村留守儿童的监护人也不会重视这一活动。在农村，很多老师并没有因为留守儿童的父母不在身边而对他们给予特别的关心和照顾，也很少去做家访。根据调查，老师对留守儿童中的很少一部分学习好的学生非常关心，有时会去家访；但对于学习成绩较差的那些留守儿童，多数老师则漠不关心，放弃管教，任其自由发展。然而恰恰是这些孩子更需要关心与教导。

4)与同龄伙伴的联系

调查问卷显示，绝大多数留守儿童有要好的同龄伙伴，只有少数的留守儿童无同龄伙伴。会有部分留守儿童受到他人歧视，其中有一部分歧视来自他们的同龄伙伴。留守儿童的同龄伙伴往往还是留守儿童，因为他们有共同的生活背景和心灵感受。

3. 留守儿童思想道德教育得不到足够的重视，人身安全得不到保障

学校师资力量较差及父母不在身边，使留守儿童缺乏良好的家庭管教氛围，他们的思想道德教育被严重忽视[13]。隔代监护人大多忙于农务，无暇教育，同时由于自身素质限制，教育水平不高、手段不当，许多留守儿童的隔代监护人会采取暴力手段"教育"。据调查在四川省地区，这类未成年人犯罪案件占到全部案件的 35% 以上。

留守儿童的父母不在身边，他们人身安全得不到保障。生活中往往到处存在安全隐患，父母和监护人没有教给他们足够的安全防范知识，儿童的天性使得他们常会发生意外的伤害，而在这之后没有人对受到伤害的儿童进行心理抚慰，并教导他们如何防范。

4. 留守儿童非社会性行为方面

非社会性行为通常是指儿童在自己和周围的人之间，人为地制造某种隔阂把自己封闭起来避免与社会接触的行为。这种行为不易被意识到，甚至常常被忽视。典型的非社会性行为主要有两种：内向性行为和逃避性行为。

留守儿童由于长期与父母分隔两地，缺乏正常的情感交流，有的只是对父母的思念。在这种环境中生长使他们性格日趋变得内向、孤僻，喜欢独来独往，或者胆小、自私等，这些特点即留守儿童非社会性行为特征的外在表现。留守儿童的这种非社会性行为极容易发展成为问题行为或行为障碍，甚至越过它们径直突发为反社会行为。常见的发展趋向有两种，一是孤独症、自闭症等，二是退缩忧郁、心因性缄默、自卑感等。

4.2　四川省农村土地撂荒问题

4.2.1　撂荒、土地撂荒的概念

撂荒是指土地不继续耕种，任其荒芜，也包括房地产领域中开发商占地后，因为赢利的目的或者其他原因，在规定的期限内没有对地块进行开发建设利用，造成土地空置、荒芜的现象。土地撂荒是指农民因为自身或者外界的原因放弃继续耕种那些原来耕种的土地而造成该土地未能充分利用甚至荒芜的现象[14]。我国土地撂荒从古代一直存在，但到目前，由于时代背景的变化，土地撂荒发展出现新的变化。

4.2.2　四川省农村土地撂荒现象及原因分析

1. 四川省农村土地撂荒现象

我国人多地少，四川省表现特别突出。四川省辖区面积达 48.5 万平方千米，占全国面积的 5.05%，居全国第 5 位，全国人均耕地约 1.3 亩，四川省人均耕地仅有 0.67 亩，低于联合国粮农组织规定的人均 0.8 亩耕地的警戒线，四川省人均耕地拥有仅占全国平均的 51.5%，几乎只有世界人均耕地的 1/5。而且，四川省耕地分布非常不均衡，耕地资源主要集中分布在东部盆地区，而西部大部都是高山草原，耕地稀少。因此，四川省人地矛盾十分突出，边际生产成本高而边际效益极其低下。

本次调查的 29 个村中，有 18 个村存在耕地撂荒的现象，占 62%。且调查 29 个村集体总耕地面积 33773.3 亩，其中撂荒耕地面积 3276.34 亩，撂荒比例近 10%，是一个十分严重的耕地浪费现象（表 4.10），这与四川省突出的人地矛盾存在鲜明对比，一边是耕地稀缺，一边是耕地撂荒。

表 4.10　四川省农村耕地撂荒现象突出问题调查

编号	总土地面积/亩	总耕地面积/亩	撂荒耕地面积/亩	耕地撂荒比率/%
2	2345	620	20	3.23
3	1100	886	20	2.26
5	1451	1151	18	1.56
6	882	638.2	210	32.91
8	1925	1548	15	0.97
9	6106	2106	422	20.04
10	3250	2930	65	2.22
11	438.8	388.8	50	12.86
12	981	741	66	8.91
13	57750	3523	1.74	0.05
15	34800	1408	875	62.14
16	11100	998.3	197.6	19.79
18	2350	2250	100	4.44
21	4000	3000	1000	33.33

续表

编号	总土地面积/亩	总耕地面积/亩	摞荒耕地面积/亩	耕地摞荒比率/%
22	11000	7000	40	0.57
23	2773.5	1450	80	5.52
25	3134	2613	46	1.76
26	3522	522	50	9.58
合计	148908.3	33773.3	3276.34	9.70

资料来源：本课题组调查统计数据。

2. 四川省农村土地摞荒的原因分析

我国城市化迅速发展，吸纳了大量劳动力，造成农村大部分地区缺乏青壮年劳动力，务农主要靠留守老人和留守妇女，由于他们农业劳动能力限制，体力不足及大部分不会使用农业机械，农村出现很多摞荒耕地，尽管前几年取消了农业税且对种粮户等有补贴，但来自农业的收入远远低于外出务工收入，大量农村劳动力继续外出务工，摞荒耕地仍然呈增长趋势。特别是在城郊区，受城市辐射影响、城市建设等原因，摞荒耕地问题特别严重，浪费大量宝贵耕地资源。另外，我国实行的是家庭联产承包责任制，农村土地分到每家每户，不能随意在市场上转让和承包。我国当前农村社会保障制度还没有跟上，外出务工人员随时可能面临失业，由于他们自身素质不高等原因，再就业难度较高，土地成了他们的生存保障，因此，他们不愿意上交土地或转让承包自己的土地，再加上还没有完全的农村土地流转市场，摞荒的土地不能有效被人重新组织力量耕种，这样就加重了摞荒现象。四川省农村人均耕地面积小，土地分散，规模小，农村教育水平低下，农民文化程度低，农业技能普遍不高，导致新的农业科学技术很难投入，农业产出效益长期低迷，过低的收益导致一些地区耕地摞荒面积较大，分布上表现为农村劳动力外出多的地方摞荒多，自然条件差的地方摞荒多，特别是靠近交通要道和城市郊区，由工程建设导致土地摞荒和废弃的现象特别严重。

简而言之，四川省摞荒原因是城乡经济的巨大差距，即农村主要劳动力大多数都进入城市务工，其务工收入比靠耕地种植产生的收入要高，因此出去务工，使土地摞荒。

4.2.3 土地摞荒造成的影响

四川省虽然土地资源总量大，但人均占有量少，且优质土地资源少。当前，四川省一方面土地资源不足，后备土地资源量少，另一方面农村存在不少土地资源撂荒的现象，撂荒现象背后存在一系列问题。

1. 粮食安全受到威胁

四川省是一个农业大省，但人地矛盾十分突出，加之城镇化推进过程中导致土地撂荒，使得四川省乃至全国的粮食安全受到极大挑战。守住 18 亿亩红线，才能保证我国人民的粮食安全，可农村地区目前却出现大量撂荒现象，这给我国粮食安全带来了不可忽视的隐患。农业是一个国家的基础产业，撂荒现象大量存在，给我国现代化建设带来了基础不稳的隐患。

2. 土地质量日益低下

土地撂荒后，由于土地不再翻耕，土地受自身因素、自然条件和人为干预的影响，土地质量慢慢变得低下。首先，由于农村留守人员自身局限性，种田时土地整理不到位，翻耕不合适，只注重当前用地不注重养地，农家有机肥使用量骤减，化肥使用量急剧增多且施肥缺乏科学性，耕作层板结、肥力降低等，导致土地质量下降，同时，四川省缺乏耕地质量监管和耕地保养的法律保障。其次，四川盆地丘陵地区梯田田坎整修不及时，排水道没有及时疏通，夏季下暴雨时，形成洪水冲刷土地表面，导致土地营养成分流失，造成严重的水土流失。再次，土地污染情况比较严重，滥用农药和化肥导致农村土地大面积污染，工业"三废"中含有多种污染物质，且数量庞大，它们一旦进入土壤就会造成土壤污染，甚至是严重污染，特别是被重金属污染的土地，很难恢复，且恢复的费用昂贵。在四川省工业较发达地区周围的农村土地，不合理征用现象较多，工业污染有向农村蔓延的趋势。

3. 四川省农村收入进一步萎缩

大部分以耕地为生的四川省农村地区，本来经济生活水平就低，与城市地区存在巨大的差异，而土地撂荒，特别是耕地撂荒所导致的农村居民收入下降，将直接迫使农村总体收入进一步萎缩，与城市区域的收入差距进一步扩大。中国和四川省近年高企的基尼系数足以说明问题，并达到国际公认的警戒线水平，这是不愿看到却又不得不面对的艰难困境，而且这一困境千万不可小觑。

4.3　四川省社会主义新农村建设问题

4.3.1　社会主义新农村的内涵

"社会主义新农村"这一概念早在 20 世纪 50 年代就提出过。20 世纪 80 年代初，我国提出"小康社会"概念，其中建设社会主义新农村就是小康社会的重要内容之一。"生产发展、生活宽裕、乡风文明、村容整洁、管理民主"是十六届五中全会对建设社会主义新农村的总体要求。短短 20 字的定位，涵盖了多方面意义。结合相关研究，本书认为社会主义新农村建设的内涵包括以下几个方面：①以产业为载体，发挥市场机制在资源配置中的作用，大力发展现代农业，促进生产方式的转型，极大地提高农业收入；②健全民主制度，加强村一级组织的建设，引导农民主动有序参与乡村建设事业；③要大力发展农村公共事业，这意味着在加快经济发展的同时，农村教育、文化、医疗、社会保障、基础设施等社会事业，也将进入加速发展期，让公共服务更多地深入农村、惠及农民，弥合各项公共事业方面的城乡差距；④以小城镇为形式，聚集农村建设的要素，使得社会主义新农村的建设更加高效和有序；⑤加强精神文明建设，倡导健康文明的社会风尚，努力发展农村文化设施，丰富农民精神文化生活。

4.3.2　四川省农村人口现状对社会主义新农村建设的影响

1. 对老人赡养和子女教育的影响

目前农村对老人的赡养，绝大部分来自家庭的支持。在大量青壮年外出务工的情况下，有限的自养能力不能提供有效的保障，使得老人经济收入不稳定、生活质量偏低。生活由于缺乏儿女的照料与赡养、安全隐患多，而留守妇女本身自顾不暇，也不能全面地对老人进行照顾。再加上农村不健全的养老保障体制，导致留守老人的生活物质贫乏，困难重重。精神方面，由于远离子女，缺失慰藉，极易生出孤单的感觉。在对孩子的教育问题上，隔代教育和单亲教育先天上有着不足。疲于家务与农务的老人与妇女，大多只能提供孩子基本的生活保障，根本没有剩余的精力顾及其学习和精神生活，再加上本身文化素质偏低，无力给孩子提供应有的引导与管教。

2. 对农村家庭的影响

我国农村人口具有老人多、儿童多、妇女多的"三多"特征，使农村不稳定的家庭增多。不稳定的根源在于农村家庭的优势劳动力人口在城市从事低端职业，农村大学生在另一个城市求学或就业，农村家庭弱势人口（留守老人、妇女和儿童）在农村艰难驱动着新农村建设和现代农业发展。家庭人口分离化致使农村社会的细胞——农村家庭分裂在不同的空间，家庭内部的长期分离是家庭结构极不合理的表现。作为农村的基本生产组织单位，家庭的分裂消减着整个农村社会的稳定性。中国社会秩序的建立和稳定与家庭的稳定有着密切的关系。

3. 对农业生产的影响

在现代化农业的发展中，青壮年劳动力有着不可或缺的重要地位，他们有活力，知进取，有着相对较高的文化素质，是农业生产中最重要的部分。但是城镇化的抽水机效应，将农村生产的主要优质劳动力几乎全部抽走了。农村人口过度外流将促使农村人口相对老龄化，不利于农业生产，流动人口大多由青壮年、知识分子等组成，他们的流出将造成农村缺乏有力建设者，不利于新农村建设。农村地区仅留守一些弱势群体，使农村劳动力老龄化和女性化，这一群体难以担当现代农业发展的重任。农村劳动力要素不足最为明显，对农业和农村的可持续发展提出了挑战。

4.4　四川省农村存在的社会问题

农村地区各方面因素综合叠加在一起导致的社会问题十分突出，这些叠加因素包括封建传统文化的愚昧落后、农村基层组织的混杂、基层管理的缺位、法律意识的缺失等。基于四川省农村社会发展遇到的突出问题现状的调查得出四川省农村存在的主要社会问题见表 4.11。

表 4.11　四川省农村社会发展遇到的突出问题

问题	村集体/个	比率/%
社会治安	10	34.48
乡风文明	8	27.59
计划生育	12	41.38
村容村貌	14	48.28

资料来源：本课题组调查统计数据。

在接受问卷调查的 29 个村子里，着重调查了表 4.11 中反映的问题。

1. 社会治安问题

留守的老人、妇女、儿童的防范能力较弱，调查样本中对治安问题的关注达到了 34.48%。

农村社会治安是乡村地域的一种社会秩序，具有地域色彩。四川省是我国的农业大省，农业人口占总人口比率大且数量众多，因此，四川省农村社会治安状况显得非常重要。新世纪，四川省经济迅速发展，随着新农村建设稳步推进，农村面貌日新月异，人们生活水平不断提高，农民参与维护农村社会治安的热情有大幅度提高，农村社会治安状况基本稳定，农民生产生活秩序稳定，但也存在一些严重隐患，治安状况区域不平衡，主要表现在以下几个方面。

(1)四川省农村地区目前封建思想还比较浓厚，受数千年的宗法制和家族观念影响，有少部分人利用血统的关系组织成危害社会的恶势力，也有城市的黑恶势力渗透到农村，危害农村正常的生产生活，包括农村公路水路的路霸、欺压市场的市霸等。

(2)四川省农村地区盗窃、盗抢现象十分严重，包括道路、电力等建设器材，私人财产等。近年四川省农村地区发展迅速，基础设施建设快速推进，公路、电力等建设设备运往农村，在建设过程中及建成后被盗窃的资产数目不断增多，严重危害新农村建设以及国家经济建设。同时，由于农村青壮年大量外出务工，剩下的大多是妇女、老人和小孩，他们防盗窃的能力相对较弱，这给窃贼留下了客观的机会，夜间失窃特别严重，失窃现象时有发生，甚至会出现明目张胆采用威胁等手段抢劫老人，老人思想一般比较保守，不愿意告诉自己的子女或者报警。

(3)封建迷信较严重。有少数别有用心的人，为了骗取钱财，有些"神仙"说什么不吃药就能治病，求医治病，请神驱鬼的现象时有发生，巫婆、道士等收取大量钱财。由于我国有认为人死后灵魂还在的信仰，在某些节假日，村民普遍要到庙宇等特定地点祭祖、拜鬼。同时，算命和风水先生长期存在，大搞迷信活动，为建房、修坟者察看地理风水，期望带来好运。非法宗教、极端势力利用农民的善良心理，蛊惑、扰乱民心，特别是在某些敏感地区，在基层渗透现象较为严重。

(4)拐卖妇女儿童现象时有发生，社会危害十分严重。四川省农村经济发展不平衡，城乡差别较大，农村地区尤其是贫困山区的很多妇女长期生活在农村，家境贫困，未曾见过大世面，思想单纯，警惕性不高，再加上一些犯罪分子见钱眼开，贪图享乐，采取各种手段拐卖妇女儿童，攫取暴利。很多是利用同乡、同学等关系，以帮助其外出务工挣大钱为名骗取信任，然后出卖。拐卖妇女儿童严重侵犯了妇女儿童的人身权利，包括婚姻权利、劳动权利、受教育权利、生存权利、人身自由权利等，对被拐卖妇女儿童身心健康造成巨大伤害，并由此引发一系列社会问题，严重影响社会和谐稳定[15]。被拐卖的妇女不能按照自己意愿婚嫁，不能按自己的愿望参加劳动并获得报酬，不能按自己意志做事、谈话、交友等，人身权利受到极大限制，甚至会危及妇女的生命。被拐卖的儿童可能面临恐吓、毒打等，甚至生命会受到威胁，生存权利得不到保障；且他们面临辍学，不能享受教育的权利，发展受到极大限制，会造成以后文化素质低下，技能不高，就业能力和竞争能力受到极大限制，可能面临成年后的贫困等，也给我国现代化建设造成新的人才困难。同时也给被拐卖的家庭带来极大痛苦，亲人不能团聚，妻离子散，这样就给整个社会带来了极大不稳定因素，严重威胁社会和谐稳定。

(5)赌博严重，危害极大。四川省有打牌的习惯，且农村地区经济发展不平衡，市场经济得到不同程度发展，很多人追求金钱至上，想不劳而获，贪图享乐,想利用赌博获取暴利,他们大部分人缺乏法律认知,对赌博危害性的意识不够。同时,农村地区文化发展落后,村民娱乐项目少,且内容匮乏单调,这是农村地区赌博屡禁不止的重要原因。村民赌博的数额一般从一元、两元、三元等开始,一场下来输赢在几十或百元不等,且有增大趋势,在常人看来数额不是很大,但由于农村地区收入低,它所占农民收入比例很大,而且很多村民在农闲季节或节假日天天赌博,甚至几天连续作战,这样导致没有收入且开销增加,贫困加剧,社会不稳定因素增多。

总之,我省农村地区的治安状况总体上稳定,但也存在不少问题,需要政府、村民等全社会参与。首先,努力进行经济建设,重视"三农"问题,加强返川农民和失业农民的再就业,提高其就业能力,不断提高农民收入,根除农村犯罪的土壤,这样才能从根本上解决农村治安问题。其次,加强农村教育,努力提高农村人口科学文化素质,落实农村精神文明建设,丰富文化娱乐生活,增强农村思想道德素质和法律意识,根除农村治安不稳定的思想根源。再次,要完善农村社会治安防控制度,加强监管,增加警力,切实维护村民的生命财产安全,加强警民关系建设,融洽警民关系,加强宣传,奖励和保护举报者,维护举报者人身和财产安全;同时,要加强基层治安维护者的调解能力,深入群众,强调为人民服务的精神,尽一切力量及时发现、控制、疏导和解决矛盾。

2. 乡风文明问题

农村本土文艺人才纷纷加入外出务工行列。农民喜闻乐见的本土艺术表演非常难得,艺术传承就已经十分困难,反映农村新生活的作品的创作和艺术改良更是少之又少,外来庸俗文化和纯娱乐表演冲击农村文化阵地。农村发展的停滞和农村生活的空白是造成农村精神生活缺失的根本原因。建立农村发展的新模式,使农业的发展焕发新的活力,将是促进农村人口、产业、文化持续繁荣发展,改变颓势的长久之计。对于这个问题,关注程度达到 27.59%,在思想文化多元化的今天,引领农村乡风文明建设是十分迫切的。

3. 计划生育工作难的问题

关注度高达 41.38%,可见大部分人对目前形势下计划生育的开展表示担忧和不了解。青壮年外出务工导致对青年育龄妇女的管理难度加大,以及难以落实推广优生优育服务。

参 考 文 献

[1] 杨世英. 安徽省农村留守老人问题研究[D]. 合肥:安徽大学,2010.
[2] 夏益俊. 新农村建设中的"留守老人"问题研究——基于江苏省东台市的调查与思考[J]. 理论与当

代，2009，(3)：38-40.

[3] 陈敏. 农村留守老人存在的问题及对策[J]. 现代农业科学，2009，(3)：225-226.

[4] 马淑青. 农村空巢老人的养老保障问题研究[D]. 济南：山东经济学院，2011.

[5] 丁登林. 关于目前我国农村养老保障体系建设的探析[J]. 求实，2011，(S1)：175-176.

[6] 张巧遇. 安徽省农村留守妇女问题研究[D]. 合肥：安徽大学，2010.

[7] 苏靖巍. 农村"留守妇女"生存困境及解决对策初探[J]. 社科纵横(新理论版)，2008，(2)：22-23.

[8] 罗忆源，柴定红. 半流动家庭中留守妇女的家庭和婚姻状况探析[J]. 理论月刊，2004，(3)：103-104.

[9] 黄烨. 农村留守儿童教育问题及对策[J]. 行政与法，2009，(10)：68-71.

[10] 谭深. 中国农村留守儿童研究述评[J]. 中国社会科学，2011，(1)：138-150.

[11] 程超. 留守儿童问题研究[J]. 人口与经济，2010，(S1)：17-18.

[12] 郭津. 新农村建设视野下我国农村留守儿童问题研究[D]. 咸阳：西北农林科技大学，2010.

[13] 杨帆. 河北省农村留守儿童生存与发展问题研究[D]. 保定：河北大学，2010.

[14] 郭琳. 农村土地撂荒的成因及对策研究[J]. 四川经济管理学院学报，2009，4：11-13.

[15] 邵嫱. 结合案例浅析拐卖妇女罪[J]. 法制与社会，2013，(33)：58.

第5章 四川省农村人口现状引发的城镇化与新农村建设的矛盾

5.1 农村优质生产要素外流与农村生产要素匮乏

农村劳动力是指在农村常住人口中所有符合劳动年龄并具有劳动能力的人和不足或者超过劳动年龄但实际经常参加劳动并取得报酬的人数，而农村剩余劳动力是指经过农业和其他产业(林、牧、副、渔及乡镇企业等)充分就业后富余出来的那部分劳动力，是从地域概念来定义的剩余劳动力。

四川省是一个农业大省，地处西部地区，农村剩余劳动力又有着自己的特点。首先，四川省农村剩余劳动力转移总量大，当前四川省农村剩余劳动力的转移规模仍然较大，总人数超过两千万，位于各省之首：包括省内农村人口向城市转移、省外输出和境外输出。其次，当前转移的速度较慢，徐承红等[1]在《农村剩余劳动力转移与统筹城乡——以四川为例》一书中指出，2008~2012年，四川省农村剩余劳动力的数量将以每年3.17%的速度下降，下降的速度慢，制约着统筹城乡发展的进程。再次，四川省农村剩余劳动力的素质低，以初中及以下文化程度为主，从事的工种技术含量不高，供选择的机会有限，主要从事建筑业、挖矿、加工制造业、服务业等体力要求较高的行业，但随着我国经济的发展及新生代农民工的成长，从事的行业在向技能型转变。最后，他们大多是通过亲朋好友、劳动力市场等渠道找到工作，把农村文化带到城市，和城市文化相融合，但他们的交往圈子依然以农村人交往为主，既为城市补充了劳动力，让城市经济更加繁荣，又形成了和部分城市下岗职工相互竞争的场面，就业竞争性增强。

5.1.1 农民工进城对四川省新型城镇化发展的促进作用

所谓新型城镇化，是指以科学发展观为指导，以统筹兼顾为原则，以新型工业化为动力，以全面提升城镇化质量为目的，坚持以人为本，走集约高效、功能完善、资源节约、环境友好、大中小城市和小城镇协调配合发展的城乡一体化建设路子，最终实现城市的现代化、集群化、生态化和农村的城镇化。

2013年末，四川省城镇化率已由1978年的8.5%提高到44.9%，城市人口3640万人，城镇建成区面积3600km²，已建立起由1个特大城市成都，4个大城市绵阳、攀枝花、自贡、南充，27 个中小城市和 1865 个小城镇组成的城镇体系。但四川省城镇化水平落后全国 8.8 个百分点，仅占第 24 位(图 5.1)。就四川省内来说，四川省区域内城镇化极端不平衡，大的太大，小的太小，合理的城镇等级体系远没有形成。

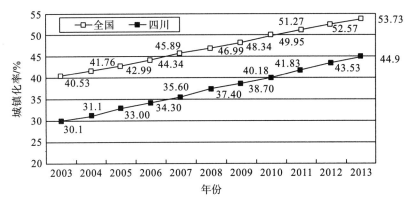

图 5.1　2003～2013 年四川与全国城镇化水平比较

资料来源：中国和四川省统计年鉴。

目前，四川省人均 GDP 在 3000 美元左右，进入了城镇化加速推进的阶段。按照规划，全省经济总量 2015 年完成比 2008 年翻一番的目标，到 2020 年比 2008 年翻两番[1]。根据国际经验和国内其他地区的实践，未来一个时期，全省城镇化率年均增长预计可能提高到 1.5% 的水平；到 2015 年，全省城镇化率达 48%，其中成都平原城镇化率达 60% 以上[2]。按照全省城镇化规划，全省将形成以成都平原、川南、攀西、川东北四大城镇群为主体，由一个核心城市、20 个区域中心城市、300 个左右中小城市和重点镇、1500 个左右小城镇组成的城镇体系，其中绵阳、南充、攀枝花、自贡、宜宾、泸州、达州、乐山、遂宁等城市发展成为百万人口以上的区域中心特大城市，西昌、康定、马尔康等城市发展为辐射周边民族地区的区域性中心城市。

随着低生育水平的稳定与巩固，城镇人口的增长已由自然增长为主转变为迁移增长为主，换句话说，外来人口已成为城市人口增长的主要力量。以成都市为例，2000 年以来，成都市由出生死亡带来的自然增长不超过 2‰，不到总增长的 1/4。成都市迁移人口增长状况如图 5.2 所示。未来一个时期，农民工的城镇化将是城市人口增长的主要来源。城市化的加速进行，为农民工的市民化提供了广阔的空间。

---

① 《四川省深入实施西部大开发战略工作会议在成都举行》，《成都日报》，2010 年 9 月 3 日。
② 《四川省委经济工作会议指出：推进新型城镇化，创造发展新动力》，《四川日报》，2010 年 1 月 16 日。

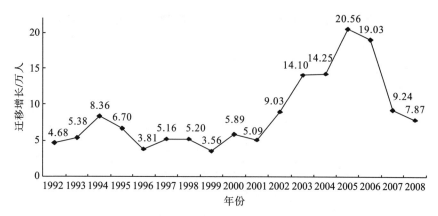

图 5.2　成都市迁移人口增长状况

资料来源：根据《成都市统计手册》计算。

　　城镇化的核心是农村剩余劳动人口转移到城镇。农村人口转移不出来，不仅农业的规模效益出不来，扩大内需也无法实现[2]。现如今，农村剩余劳动力基本以农民工的形式存在，农民工是四川省乃至全国社会转型和现代化推进相叠加的一种产物，同时又是四川省剩余劳动力转移的特有形式。四川省的基本省情是人多地少，人地矛盾尖锐，提高人均资源占有量的唯一之路，是将大量剩余劳动力从土地中转移出来，变农民为市民，实现城镇化。农民工作为剩余劳动力转移的特殊群体，目前大多处于"劳务转移"状态，而未实现"人身转移"，只有在"劳务转移"的同时，彻底实现"人身转移"，即市民化，才能真正减少农民富裕农民。因此，农民工市民化是现阶段城镇化的首选方式，农民工市民化在转移农村剩余劳动力的同时，将促进全省的城镇化进程。根据发达国家的经验，大部分农民最终的形式是市民，在我国则大部分农民工最终状态将是市民，促进城镇化进程就是促进社会发展。

5.1.2　农村留守的弱势人群难以担当新农村建设的重任

　　农村人口适度流动会使农村农业产业结构及生产方式发生变革，有利于新农村建设良性发展。能够促进土地的相对节约，同时有助于农业生产的规模化，促使现代科技在农业领域的应用，加速农业生产现代化，提高农业生产效益，促进农业经济发展。农村人口外流，造成农业生产缺乏主要劳动者，农村人力资源匮乏，影响土地的经营，资源的浪费，农业产量低下，阻碍农村经济发展。且农村地区留守着一些弱势群体，这一群体难以担当新农村建设的重任。

1. 农村劳动力女性化问题

　　由于四川省外出务工人员众多，产生了大量留守妇女。她们绝大多数从事务农，只有少部分有兼职，丈夫外出后，她们就承担了家里所有的农活，也有由于多种原因把土地让别人种植。同时，几乎所有的留守妇女都会很小规模地经营副业，包括养一两头猪、牛、鸡、鸭，甚至有小规模养鱼。由于丈夫也生在农村和个人能力等原因，家庭收入不高，农村留守妇女很少有在家当家庭主妇[3]。因此，四川省农村留守妇女是农村经济和社会发展非常重要的力量。

2. 农村劳动力老龄化问题

由于农民工外出务工，农村就出现了大批留守老人，他们很大一部分还要继续耕种世代为生的土地，而且老人种田的数量非常庞大，已成为四川省农村的普遍现象，农业生产的重任就落在了留守老人肩上，这也就形成了农业生产的老龄化倾向。老人种田现象也是四川省城镇化进程中的结果，是农村青壮年外出务工后产生的农村劳动力空心化现象，导致农村劳动力不足，特别是在农忙季节表现特别突出，由于缺少子女协助，很多留守老人的劳动负担沉重不堪。调查发现，47.30％的留守老人认为自己的劳动负担很重，表示劳动负担难以承受的达18.3％。这种农业生产的老龄化倾向，无论对于留守老人自身还是对于农业生产的发展都有不利的影响。

首先，种田并没有使老人的生活水平得到切实改善。第一，种田收益并不高；第二，子女外出务工收入低，寄回的钱有限；第三，他们溺爱小孩，更多地给予孙辈们生活上的照料。可随子女外出而来的就是老人的生活照料问题，由于子女外出务工，远在他乡，不能守候在老人的身边，也就不能照顾老人，得不到子女的直接关怀，只是很少的电话联系。很多老人情感缺乏，由于他们世代务农，和外界接触少，生活圈子小，更多的是和老伴及不多的近邻交往。如果生病，最先照顾他们的可能是老伴或邻居，然后等子女回家才转手子女照顾。

其次，农业生产老龄化不仅会对农村老人的长远发展不利，也会造成农业劳动投入的不足，影响农业科技的推广、产业结构的调整及土地的合理流转，从而导致农业发展的后劲不足。这是因为作为农业生产主力军的老一辈劳动人民，他们绝大多数人都没有受过良好的教育，文化素质低，学习能力弱，接受新知识、新事物、新技能的能力差，对劳动技能和农产品市场信息的了解把握都不能及时更新，从而对农业产业的发展、农村的进步起到阻碍作用。同时由于受小农经济思想的影响渗透较深，留守老人大多在经济意识上都太过保守，不敢冒险，缺乏年轻人敢于创新、开拓进取的精神与热情，再加上对新品种、新技术接受能力不强，高新农业技术产业对他们来说只能是一个可望而不可即的梦[4]。长此以往，对农业的发展是十分不利的，农业很难摆脱弱势产业的地位，农村经济社会的全面发展也会受到制约，这与建设社会主义新农村的目标并不一致。因此，在农村劳动力老龄化问题日趋严重的今天，必须引起广大民众和学者的广泛关注，积极探索解决问题的有效办法。

3. 农村剩余劳动力文化素质较低，不利于新农村建设

农民群众思想比较保守，文化素质低，传统的小农意识使他们在生产、生活和行为方式上都与现代社会生活差距甚远。在思维方式上，由于"小富即安"的小农意识根深蒂固，普遍存在保守心理，追求相对较低，缺乏积极进取精神。在思想道德方面，敬老爱幼、赡养父母等传统美德有下滑趋向，热心公益、团结邻里等集体主义观念也逐渐弱化，而拜金主义、封建迷信、聚众赌博等社会不良风气却有抬头趋势。在文化素质方面，由于农民受教育程度普遍偏低，科学技术知识较少，了解和接受新事物、学习使用新技术的能力较差。在技能技术方面，具有一技之长的人较少，土地经营方式粗放不能进行集约化生产，外出打工也只能单纯出卖劳动力做粗重的工作，严重地制约了农民的增收。尽管农村转移人口的总体文化素质显得不高，但相对于调查地农村的留守人员来说，转移人口的大多数却是文化水平和服务能力较高的群体。农民素质不高的现状将严重制约着新农村建设的进程。

5.1.3　城市扩张对四川省农村土地资源的占用

长期以来，城乡分割发展过程中城市扩张对四川省农村土地资源的占用非常严重[5]。目前我国正处在工业化、城市化加快发展的阶段，国外经验教训表明，这个时期正是大量土地被占用的时期。我国的基本国情是人多地少、人均土地资源相当稀缺，而我国的城市化路径又有其不同于西方发达国家的特点，对土地资源的占用和浪费现象可能会更严重。

为了了解调查区域城市扩张对农村土地资源的占用情况，也做了这方面的统计分析。在此次调查到的农村中，耕地被城市建设所占用的村集体有9个，这些典型农村大多位于城乡接合部，受到了城市化广泛而深刻的影响，是城市化推进加快的区域，属于未来城市化发展地区。更为严重的是耕地被城市建设所占用的比率远高于四川省及各村集体所在城市的耕地被占率，表明四川省城镇化发展过程中城市扩张严重，城乡接合部的土地受到直接冲击。农村耕地被城市建设占用的典型区域调查见表5.1。

表 5.1　农村耕地被城市建设占用的典型区域调查

区域	实有耕地面积/亩	城市建设占用土地/亩	所占比率/%
四川省	4010710	24280	0.61
南充市高坪区清溪镇王家店村	1600	400	25.00
南充市仪陇县复兴镇复兴村	638.2	95	14.89

续表

区域	实有耕地面积/亩	城市建设占用土地/亩	所占比率/%
南充市	300730	920	0.31
资阳市雁江区迎接镇浸水村	2106	580	27.54
资阳市	270080	2120	0.78
广安市乐池县镇龙镇观音岩村	388.8	41.3	10.62
广安市乐池县镇龙镇丁家店村	741	70	9.45
广安市	173440	240	0.14
达州市宣汉县三墩乡梨树村	975	10.5	1.08
达州市宣汉县五宝镇高梯村	1450	95	6.55
达州市	301260	340	0.11
泸州市泸县得胜镇上顶山村	2613	39	1.49
泸州市	209460	830	0.40
阿坝州汶川县水磨镇响黄沟村	522	30	5.75
阿坝州	59590	280	0.47

　　资料来源：四川省统计年鉴和调查数据，其中四川省和每个市(州)的"城市建设用地"是指"国家征用的基础建设用地"(四川省统计年鉴)。

5.2　现代农业发展与土地撂荒、耕地侵占

5.2.1　现代农业的内涵和意义

　　现代农业是农业发展史上的一个重要阶段，它不是一个抽象的东西，而是一个具有动态和历史概念的具体事物。发达国家传统农业向现代农业转变的实践经验表明，实现农业现代化需从两个方面的内容入手：一是农业生产基础的现代化，它包括物质条件和技术两方面，即利用先进的生产要素和科学技术发展农业，最终实现农业生产的机械化、规模化、集约化和市场化；二是农业经营管理方式的现代化，即采用先进的经营管理技术和管理手段，实现农业生产区域化、专业化、社会化和企业化。现代农业的根本内涵在于用现代工业、现代科学技术和现代组织管理方法经营的具有较强竞争力的社会化、商品化农业产业[6]。从农业生产力的性质和状况来看，它应处于农业发展史上的最新发展阶段，主要指的是第二次世界大战后经济发达国家和地区的农业。其基本特征是农业科学技术、农业机器体系的逐步形成、推广和应用，农业生产社会化程度的提高与管理方法的改进。

5.2.2　四川省现代农业发展与新型农民缺失

农民是发展现代农业的主体，现代农业的发展最终要依靠有文化、懂技术、善管理、会经营的新型农民。目前我国农村劳动力约 5 亿，但是接受过系统农业职业技术教育的很少，相对偏低的农民素质已成为制约现代农业发展的瓶颈。尤其重要的是在新型城镇化过程中，城市如同一台抽水机，抽走了农村大量的劳动力用于建设城市，成为"农民工"，农民工涌入而非融入城市，不能享有和城市人口相同的福利。而另一方面农村缺失大量年轻的劳动力和新型农民，农村被抽空优质劳动力和其他资源以后，留守人口很难驱动农村的发展。四川省农村剩余青壮年劳动力大量外出，留下的主要是妇女、老人和儿童等，这样农村青壮年劳动力减少，导致在农村务农人员中主要是妇女和低龄老人，他们构成了当前四川省农业劳动力的重要力量，农村劳动力已经女性化和老龄化。四川省作为农业大省，农业生产的劳动力落在了妇女和老人身上，他们很大一部分要继续耕种世代为生的土地，其中夫妻双双外出仅有老人种田的数量非常庞大，已成为四川省农村的普遍现象。

5.2.3　四川省现代农业发展与耕地撂荒问题、土地流转制度缺失

由于农村没有优质劳动力和新型农民，所以并没发展好现代农业，从而导致耕地撂荒、土地流转欠缺，使得土地价值不能够得到充分的体现。就全国而言，我国人口较多，土地人均面积是世界人均土地资源量的 1/3，属于资源短缺国家。如何做好农村土地的开发和利用，让稀缺土地资源发挥最大效益，具有重要战略意义。然而，与宝贵的土地资源相比，农村土地的浪费现象严重。尤其近些年来，农村土地撂荒现象严重，大量土地成为农民所称的"白地"。大量土地长期闲置，即使偶尔季节性种植，从农民自身角度来看，也只是出于自给自足的需要。与联产承包责任制推行初期相比，农民对于土地的热爱程度已经大大下降。土地撂荒已经不是个别现象，田地撂荒严重降低了农村的资源利用率（具体调查数据见表 4.10）。

此外，现代农业发展需要新的符合新时期的农村土地流转制度，但是这一问题在我国农村同样存在很大的困境，农村土地流转制度建设滞后，原因也非常多。首先，农村土地产权制度和土地管理制度不完善。一些地区只明确耕地和林地的产权，没有明确农村宅基地和住房等资源的财产权利[7]。农村和城市的土地管理制度也不统一。其次，农村产权交易和租赁市场不完善。目前，只有少数经

济相对比较发达的地区，如山东枣庄、江苏苏州、四川成都等地建立了比较规范的土地产权交易市场。很多试点地区特别是经济落后地区都没有建立规范的土地产权交易和流转中心，对于哪些产权可以参与交易、交易过程应该遵循哪些规则、交易价格如何确定，以及发生争端如何解决等问题都没有明确规定。土地流转过程主要由流转双方协商解决，一是流转信息不灵通，很难找到合适的流转对象，流转价格也难以体现市场价值和公平合理的原则；二是合同签订不规范，一旦出现问题，很容易产生矛盾和纠纷，同时也缺乏争端解决机制和仲裁机构；三是农业投入保障制度、农业生态环境补偿制度和农业保险机制等制度建设滞后。

5.3　新型城镇化的快速推动与新农村建设的滞后

5.3.1　中国新型城镇化的提出

新中国成立 60 多年来，随着理论探讨的深入，通过对我国城镇化道路实践中经验的总结和问题的反思，党的十七大报告指出："走中国特色城镇化道路，按照统筹城乡、布局合理、节约土地、功能完善、以大带小的原则，促进大中小城市和小城镇协调发展"，并强调要"以增强综合承载能力为重点，以特大城市为依托，形成辐射作用大的城市群，培育新的经济增长极"。而国家"十二五"规划提出"积极稳妥推进城镇化，优化城镇化布局和形态，加强城镇化管理，不断提升城镇化的质量和水平。"十二五"提出了三点，第一是合理构建城镇化战略、布局，按照统筹规划、合理布局、完善功能、以大带小的原则，以大城市为依托，以中小城市为重点，逐步形成辐射作用大的城市群，促进大中小城市和小城镇协调发展；第二是稳步推进农业转移人口转为城镇居民，把有稳定劳动关系并在城镇居住一定年限的农民工及其家属逐步转为城镇居民，对暂时不具备落户条件的农民工，应该改善公共服务，加强权益保护；第三是增强城镇的综合承载能力，防止特大城市面积过度扩张，预防和治理"城市病"。推动数字城市建设，提高信息化和精细化管理服务水平，注重文化传承与保护，改善城市人文环境。要把"同步推进工业化、城镇化和农业现代化"作为首要目标。四川省根据自身情况和国家"十二五"规划要求，提出了自身"十二五"城镇发展战略，即要加快新型城镇化进程，全面推进统筹城乡发展，构建科学合理的城镇体系。加快发展区域中心城市，省会成都市要优化空间布局，加快推进功能区建设，提升国际化水平，建成中西部地区最具竞争力的特大中心城市。扎实推进新农村建设，全面推进统筹城乡发展。建立以工促农、以城带乡的长效机制，推进新型城镇化进程。

5.3.2　新型城镇化的内涵与特征

现在提出的新型城镇化是指坚持以人为本，以新型工业化为动力，以统筹兼顾为原则，推动城市现代化、城市集群化、城市生态化、农村城镇化，全面提升城镇化质量和水平，走科学发展、集约高效、功能完善、环境友好、社会和谐、个性鲜明、城乡一体、大中小城市和小城镇协调发展的城镇化建设路子。新型城镇化的"新"就是要由过去片面注重追求城市规模扩大、空间扩张，改变为以提升城市的文化、公共服务等内涵为中心，真正使城镇成为具有较高品质的适宜人居住之所。城镇化的核心是农村人口转移到城镇，而不是建高楼、建广场。农村人口转移不出来，不仅农业的规模效益出不来，扩大内需也无法实现。

新型城镇化的内涵有别于传统的城镇化内涵，第一，新型城镇化的指导思想是科学发展观。不仅注重人口、产业、生产要素等在数量和规模上的增长与扩张，更注重质量的提升。同时考虑经济利益和社会环境资源利益，体现"以人为本"的精神。第二，新型城镇化是实现新型工业化与农业现代化的良性互动。新型工业化、新型城镇化和农业现代化有三大共同点：一是高度重视技术进步，二是高度重视生态保护和资源的永续利用，三是突出以人为本和重视人力资源的开发。三者之间存在密切的内在联系，新型工业化为新型城镇化和农业现代化提供技术装备与资金支持，是新型城镇化的主要动力。新型城镇化是新型工业化的主要载体和农业现代化的外部条件，农业现代化则为新型工业化和新型城镇化提供基本保障。新型工业化、新型城镇化和农业现代化（简称"三化"）良性互动，是客观经济规律的必然要求。通过"以工带农"和"以城促乡"，实现农业与工业、农村与城市的协调发展。第三，新型城镇化的发展应根据各地的实际情况，制定主导产业，如地区工业水平发达，则应该以工业化促进城镇发展，而地区的第三产业或者旅游业发达，则应该加强第三产业建设，带动城镇发展。第四，新型城镇化是一种可持续发展的城镇化道路。新型城镇化应该由原来的外延扩张型转变为集约发展型，从原来简单的城市数量增加、城市人口增加变为城市功能完善、城市土地市场完善、合理开发节约使用各类资源，协调城市建设、经济发展和人口、资源、环境之间的关系。

新型城镇化的最终目标是实现城乡一体化。通过发展新型城镇化，改变我国长期实行的城乡分离的二元体制，农业发展才能真正推动城镇化加速发展，农业发展是城镇生活资料、工业原料的主要来源，在发展工业化、城镇化的过程中不能一味地向农村索取，应该及时带动农村农业一起发展。因此，对于新型城镇化的内涵，进行如下定义：新型城镇化是以新型工业化、新农村建设"三化"联动为主要动力，第三产业等多种产业形势带动发展，统筹城市和乡村两大主体，人

口、经济、社会、资源、环境协调发展，最终实现城乡统筹发展，城乡可持续
发展。

5.3.3　社会主义新农村建设与新型城镇化建设的关系

对于新农村建设和新型城镇化建设之间的关系虽然众说纷纭，并且存在一定
的误区，但实际上，新农村建设与新型城镇化二者之间并不矛盾，是相互关联、
相互统一的。

首先，新农村建设与城镇化载体一致。生产发展是实现社会主义新农村建设
目标的基础，而"产品—企业—产业"的一体化发展是生产发展的前提。同样，
城镇化发展也在人口等生产要素集聚的基础与前提下，才能实现企业集中和产业
集群。因此，从产业发展的角度来说，新农村建设与城镇化是一致的。

其次，新农村建设与城镇化目标趋同。作为解决社会发展过程中存在问题的
主要思路，尽管新农村建设与城镇化建设侧重点各有不同，但终极目标是一致
的，都是以更好地推动社会、政治、经济、文化的全面发展为目标。

最后，新农村建设与城镇化利益相关、作用互动、相互促进、相互制约。社
会主义新农村建设是实现城镇化甚至城市化的基础。从城市化的发展历程来看，
城市化进程一般遵循"农村—城镇—城市"的动态演进规律。一般而言，在农村
和城镇达到一定发展高度的前提下，就可以通过扩大内需等途径来促进农村地区
的城镇化，而随着城镇化的发展、工业化水平的提高，可以带动工业化向农村的
辐射，提高农村现代化水平，最终实现城乡良性互动。

5.3.4　新农村建设在新型城镇化的快速推动时相对滞后

中国同许多发展中国家城镇化过程一样有显著的"城市倾向"之嫌，在政府
主导推动的城镇化过程中，中国城镇规模和数量快速发展，城镇化过程如火如
荼。但城镇发展抽走了农村的优质劳动力，带走了农村发展资金，而有限的资源
被城镇垄断后，广大农村生产要素匮乏，使农村长期得不到快速发展。农村优质
劳动力的过度外流使农村人口相对老龄化和女性化，不利于农业生产和新农村建
设。农村地区仅留守一些弱势群体，这一群体难以担当现代农业发展和新农村建
设的重任，以致新农村建设相对滞后。改革开放 30 多年以来，由乡村流向城市
的农民工没有间断过。农民工进城为城镇带来了丰富的劳动力资源，填补了城市
劳动密集型产业的岗位空缺，有效地发挥我国劳动力资源优势，抑制了劳动力成
本的上升速度，为建设城市、繁荣城市经济、推动经济结构调整做出了重要贡
献。不过乡村—城市的人口单向流动给农村和城市发展造成了巨大鸿沟，农村人

口发展受到限制，享受的福利不及城市居民。

据调查，城市居民对生活的幸福感系数比较高，但是为什么不调查农村群众对生活的幸福感指数呢？让一部分地区、一部分人先富起来，以工促农、以城带乡，达到共同富裕，这一理念到现在都没有错。但是现在城乡差距的拉大，城乡二元结构的极不平衡，导致很多人希望到城里打工，过着饱一顿、饿一顿的生活，付着高昂的房租，也不愿意在农村种地，因为农村生活条件、交通设施、卫生医疗等资源分配不均衡。农产品跟房价形成鲜明对比，这是农村富不起来的主要原因——剪刀差。

认识到中国城乡发展的差距后，从政府到民间都在思索城乡协调发展问题，近年新农村建设、新型城镇化建设就是对以前中国发展的纠正。其中成都市统筹城乡发展的实践是四川省乃至全国城乡协调发展的有力改革。

就目前四川省的现状来看，全省大部分地区都在进行新农村建设，但建设的主体不是优质的青年劳动力，因为他们被城市化抽走了，甚至已经"被城市化"了，而是一些弱势群体。新农村建设的浪潮在全国掀起，但部分新农村建设的实质和结果可能与预期目标存在差距，而且产生的问题依然被新农村建设所忽视，农村面貌没有实质的改善和提升，相对于新型城镇化建设，则依然滞后。

5.4　幸福家庭的构建与农村劳动力、劳动者、劳动者家庭的"三分离"

5.4.1　四川省农村劳动力、劳动者、劳动者家庭的"三分离"现状

社会主义市场经济自由配置劳动力的直接结果就是农民工群体的出现。虽然鉴于近年来农民工问题频发，为切实保障农民工群体切身利益，解决农民工务工过程中的困难，国家对其给予了高度关注并制定出台了一系列政策措施，但仍有一些问题有待于进一步解决。

就四川省而言，农民工市民化是其新型城镇化过程的关键，而这一关键问题的核心在于四川省农民工劳动力、劳动者、劳动者家庭"三分离"的状况：一方面，农民工付出劳动力作为商品交换工资，而作为现代社会劳动者所应依法享有的各种社会权利和福利待遇却得不到保障，致使劳动力与劳动者分离；另一方面，农民工大多独自到城市就业，其他家庭成员依旧留守在农村，导致劳动者与劳动者家庭长期处于分离状态。显而易见，若劳动力、劳动者、劳动者家庭长期处于"三分离"状态，构建社会主义和谐新农村的愿望必将受到影响。

（1）劳动力与劳动者分离。回顾国家经济发展历程，可以发现农村劳动力转移的产生和发展，对我国社会经济发展有着深远的影响。市场配置劳动力资源机制的形成，可以使农村的大批剩余劳动力被转移，实现劳动力要素和其他生产要素的有效流动和优化组合，促进我国经济的持续增长。另外，从某种意义上说，农村劳动力转移也是农民自主选择的一条由农村社会走向城镇社会、由农业社会走向工业社会的城市化道路。由此可见，农村剩余劳动力向城市和非农产业的转移是至关重要的。

（2）劳动者与劳动者家庭分离。中国经济发展区域差异，使得外出劳动力大多都远离自己的家乡，四川省作为西部省份，经济发展相对于东部还很落后，因此，四川省农民工选择的对象基本是东部沿海，而东西部地理空间的距离使外出劳动力候鸟式迁移，一年中绝大部分时间远离家乡，仅少数时间甚至没时间待在家里，在微观上，家庭被分裂为外出人口和留守人口，导致劳动者与劳动者家庭的分离。

5.4.2 农村劳动"三分离"现状对幸福家庭及和谐社会构建造成障碍

时任总书记胡锦涛在中央政治局第 28 次集体学习时对全面做好人口工作做出重要指示，要求"坚持和完善生育政策，切实稳定低生育水平、提高人口素质、促进性别平等、人口有序迁移、完善养老服务体系、促进家庭幸福"，"建立健全家庭发展政策，切实促进家庭和谐幸福，加大对孤儿监护人家庭、老年人家庭、残疾人家庭、留守人口家庭、流动人口家庭、受灾家庭及其他特殊困难家庭的扶助力度"。

然而劳动力、劳动者、劳动者家庭"三分离"的现状使农村家庭被分裂为外出人口和留守人口，幸福家庭、和谐家庭的构建在这种分离的状态下仅仅是一种理想，不可能成形。同时，劳动力、劳动者、劳动者家庭"三分离"也会使得农村和谐社会构建遇到瓶颈，至少幸福家庭的构建就是构建和谐社会的短板。另外，随着劳动力、劳动者、劳动者家庭"三分离"的持续，会使劳动者产生逆反心理和负面情绪，如果不处理好这一问题，未来可能产生更为严重的威胁社会治安和稳定的因素，对和谐社会构建产生负面影响。

参 考 文 献

[1] 徐承红，杨婷婷，陈航. 农村剩余劳动力转移与统筹城乡——以四川为例[J]. 云南财经大学学报，2010，26（4）：121-126.

[2] 罗霞. 人口城镇化与农村剩余劳动力转移机制与路径研究[J]. 北京城市学院学报，2014，（3）：14-18.

[3] 张舜. 农业产业化下女性农村劳动力培育问题探析——基于河南省的调研分析[J]. 现代商贸工业，2012，(20)：42-43.

[4] 冯小. 留守经济：当前中国式小农经济的现实[J]. 南京农业大学学报：社会科学版，2013，(6)：16-18.

[5] 石金平. 论农村土地资源再分配的经济法调整——以北京市海淀区的农村城市化进程为例[J]. 河北法学，2008，26(8)：39-43.

[6] 黄祖辉. 求索中国特色现代农业之路[M]. 杭州：浙江大学出版社，2008.

[7] 刘永强，苏昌贵，龙花楼，等. 城乡一体化发展背景下中国农村土地管理制度创新研究[J]. 经济地理，2013，33(10)：138-144.

第6章 中国城乡分割与城乡矛盾的
福利经济学分析

在政府主导推动的城镇化过程中,中国城镇规模和数量快速发展,城镇化过程如火如荼,也存在城市偏颇发展的不足[1]。农村优质劳动力的过度外流使农村人口相对老龄化和女性化,不利于农业生产和新农村建设。农村地区仅留守一些弱势群体,这一群体难以担当现代农业发展和新农村建设的重任,农村优质劳动力不足已成事实[2]。城乡分割的发展方式使中国可持续发展面临瓶颈,遂有迟来的新农村建设和新型城镇化,但几年的实践表明,中国一些地区新农村建设未达到预期的理想目标[3],效果并不太明显,原因是当前政府主抓的依然是新型城镇化的快速推动,而新农村建设有再一次被滞后的嫌疑。

城乡分割的发展方式也影响到农村人口发展。改革开放以来取得的成就表明,人口红利是中国高速发展的主要原因之一[4]。可是中国人口红利的享受者过于集中在城市,农村及农村人口是人口红利的主要创造者但发展严重滞后。不仅如此,城乡人口红利的分配不均致使农村家庭人口分离化:一方面,农村家庭的优势劳动力人口在城市从事低端职业,农村大学生在另一个城市求学或就业;另一方面,农村家庭弱势人口在农村艰难驱动着新农村建设和现代农业发展。家庭人口分离化致使农村社会的细胞——农村家庭分裂在不同的空间产生了一系列农村社会问题[5]。

因此,本书从中国城乡分割的非均衡发展路径着手,分析中国城乡主要资源(资本和劳动力)配置的不公平性及帕累托改进路径的偏差带来的城乡差距扩大,以此来评述中国城镇化的不足并指出中国城乡一体化的必然选择性。再探讨城乡一体化理论与实践的错位,从中国在城乡一体化实践过程中演变成"城乡雷同化"的不合理现象出发,分析城乡一体化过程中农村人口转移的不完全性及博弈分析。最后结合四川省新型城镇化规划发展思路,提出了与四川省城镇化相匹配的农村人口发展模式。

6.1　福利经济学与中国城乡非均衡发展

6.1.1　福利分析工具与帕累托最优

西方城镇化是市场化的结果，工业革命的结果，中国城镇化有人为意志的倾向[6]，绝大多数资源和生产要素以行政手段配置给了城市，从福利经济学角度来说就是资源配置的非均衡导致了中国城乡非均衡发展。规范经济学中常利用帕累托最优标准对资源配置状态的任意变换进行好与坏的判断[7]：若既定的资源配置状态的改变使得至少一个人的状况变好，而没有使任何人的状况变坏，则认为这种资源配置状态的变化是好的，否则认为是坏的。当状态是好的变化时，称之为帕累托改进。若在某一状态上任意改变都不可能使至少有一个人的状况变好而又不使任何人的状况变坏，则称这种资源配置状态为帕累托最优状态。在分析资源配置的帕累托最优状态时，通常采用一种称为埃奇沃斯盒状图[7]的工具来分析两种资源在两个主体之间的分配。

这里应用埃奇沃斯盒状图来分析中国城乡资源配置的不公平性和帕累托最优状态。考虑生产要素仅有资本 K 和劳动 L 的状态，分配主体为城市 U 和农村 R。如图 6.1 所示，盒子的水平长度表示整个资本的数量 K，盒子的垂直高度表示这个劳动的数量 L。O_U 为城市的配置原点，O_R 为农村的配置原点。从 O_U 水平向右测量城市对资本的配置量，垂直向上测量城市对劳动的配置量；从 O_R 水平向左测量农村对资本的配置量，垂直向下测量农村对劳动的配置量。现在考虑盒中的任意一点 E，城市的配置为 (K_U, L_U)，农村的配置为 (K_R, L_R)，则有

$$K_U + K_R = K, L_U + L_R = L$$

换句话就是盒中任意一点确定了一种资源分配数量，盒子的范围包含了资本和劳动要素在城乡之间所有的分配情况①，在盒中的水平边上任意一点，表明城市或农村没有配置劳动要素 L，在盒中的垂直边上任意一点，表明城市或农村没有配置资本要素 K。

由图 6.1 可知，由于 O_U 为城市的配置原点，故实线 I_U、II_U、III_U 为城市的等产量线，凸向 O_U，且 III_U 代表更高的产出水平；同理虚线 I_R、II_R、III_R 为农村的等产量线，凸向 O_R，且 III_R 代表更高的产出水平。根据埃奇沃斯盒状图的工具分析原理、经济效率的判别标准和帕累托最优标准②，城市和农村的等产量线

---

①就城乡资源配置状态，在盒子的边界上现实中是不存在的，但一般的交换或生产的帕累托分析是存在的。

②具体的埃奇沃斯盒状图的分析原理、经济效率的判别标准和帕累托最优标准，参见高鸿业《西方经济学》等，篇幅所限，这里不一一阐释，本书直接给出分析结论。

的切点为帕累托最优点，如Ⅰ$_U$与Ⅲ$_R$的切点为A，同理B、C也是对应的切点，将所有切点的轨迹连成的曲线$O_U O_R$即效率曲线，在该曲线上都是帕累托最优的，即城乡生产都是有效率的，资源配置是最优的。

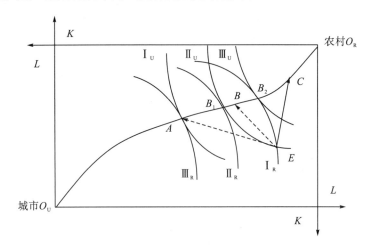

图6.1　城乡资本和劳动要素配置的帕累托最优分析

6.1.2　城乡差距：从初始禀赋的非均衡到帕累托改进路径的偏差

现将其投射到中国城乡生产要素的实际分配状态，为了分析的简便要进行如下假定：①劳动要素L，这里考虑的是数量，即没有劳动素质的差别（当然，如果考虑劳动力素质，对分析结论并没有影响，只是分析的起点，即资源禀赋点即图中的E可能要稍作移动，此时劳动资源就是数量与素质的综合量化水平）；②资源配置多，产生水平越高，则福利越高；③考虑到中国劳动力自由流动政策，这里以改革开放初期为初始禀赋状态。

1. 初始禀赋的非均衡分析

新中国成立以来，依照中国城乡发展城市偏向的事实，到了改革开放初期的初始禀赋状态城市发展已经明显优于农村，特别资本绝大多数配置于城市，而由于假定仅考虑劳动的数量，初始配置时劳动数量是农村多于城市，在图6.1中的位置是E，位于Ⅰ$_R$与Ⅱ$_U$的交点上，设城市的配置为(K_U, L_U)，农村的配置为(K_R, L_R)，且有$K_U > K_R$，$L_U < L_R$，即农村资本量配置远少于城市，但农村却存在剩余劳动力，显然E不在$O_U O_R$效率曲线上，即资源配置不是帕累托最优，社会福利没有最大化，所以这种资源配置方式一开始就不是效率最优的。特别是农村资本配置量偏少，加之在初始状态农村存在剩余劳动力，严重阻碍了农村的

发展，也就是一开始就存在城乡差距的非均衡发展。

2. 帕累托改进路径的偏差分析

由于初始禀赋状态存在非均衡，城乡发展就需要通过政府干预或市场机制来合理配置生产要素，使城乡发展达到均衡发展，促进社会福利的提高，把这一过程称之为帕累托改进。即要使 E 朝效率曲线 $O_U O_R$ 位移，但从理论上有多种移动方向即再配置方式，不过总结起来可将其分成三种类型：如图的 $E\text{-}A$、$E\text{-}B$（包括 $E\text{-}B_1$ 与 $E\text{-}B_2$ 在内）和 $E\text{-}C$，即从资源初始配置状态 E 点再分配到 A、B、C 三点状态。这三种再分配方式有什么特点？改革开放以来中国城乡发展走的又是哪条路径呢？

首先分析 $E\text{-}A$ 路径。为了分析的意义更加明确，这里假定 A 点为埃奇沃斯盒状图的中心点，即在该点城乡完全平均分配资本和劳动要素。从状态来说，A 点意味着彻底的"平均主义"，城乡没有生产上的差异，也没有福利上的差距。从动态来说，从 E 到 A 显示城市的等产量线从 II_U 下降为 I_U，农村的等产量线从 I_R 提高为 III_R，表示城市的产量水平下降或者说福利水平降低，而农村的产量水平上升或者说福利水平提高，直观地说就是牺牲城市发展反哺农村发展，即与"城市偏向"相反，成了彻底的"农村偏向"，尽管达到了所谓的帕累托最优，但这条路径显然是不合理的。彻底的"农村偏向"的发展方式显然行不通，在中国甚至全世界也不太可能发生，城市既得利益者更不会同意。

再分析 $E\text{-}C$ 路径。从 E 到 C 显示城市的等产量线从 III_U 上升为一个更高的水平，而农村的等产量线从 I_R 下降为一个更低的水平，表示城市的福利水平进一步提高，而农村的福利水平却进一步下降，即依然继续着"城市偏向"的发展路径，城乡差距不断拉大。具体来说，资本持续投资或者说配置于城市，而且劳动力不断涌向城市，以至于农村劳动力从剩余转向流失，特别是农村优质劳动力都流入城市，建设城市，发展城市经济，为城市做出巨大贡献。而农村仅剩余一些留守老年化和女性化的劳动力，艰难驱动所谓的新农村建设。这其实是改革开放以来中国真实所走过的"城市偏向"发展道路，牺牲农村发展反哺城市发展，牺牲农业发展反哺工业发展，从均衡和公平的发展角度讲这条路径显然是不合理的，但中国已经持续了多年，帕累托改进路径发生了严重的偏差，直到最近几年开始调整发展思路。

最后分析 $E\text{-}B$ 路径。为了分析的方便，这里设 II_U 与 II_R 的切点为 B_1，I_R 与 III_U 的切点为 B_2，B 为 B_1 到 B_2 之间的任意一点。先看 $E\text{-}B_1$ 路径，显示城市的等产量线没有变化仍为 II_U、农村的等产量线从 I_R 提高为 II_R，表示城市福利水平没变化，而农村的福利水平提高了，这符合帕累托改进的要求；再看 $E\text{-}B_2$ 路径，显示城市的等产量线从 II_U 提高为 III_U、农村的等产量线没有变化仍为 I_R，表示城市福利水平提高了，而农村的福利水平没变，这也符合帕累托改进的要求。而对于除了 E-B_1 和 E-B_2 之外的任意 E-B 路径都表示，城乡的产量水平都提高即福利都提高。所以整个 E-B 路径（包括 E-B_1 与 E-B_2 在内）都属于帕累托改进，这条路径显然是比较好的，是中国城乡资源配置的路径的最好选择，这就是所谓的城乡协调发展，共同繁荣，也是当前中国新型城镇化和新农村建设的同步发展所追求的目标：城乡统筹发展或者说城乡一体化。它不牺牲城市或农村任何一方的福利水平。只是这一帕累托改进路径来得有点迟，中国的城乡差距已经显现出较大的矛盾，不过并不晚，中国坚持统筹城乡的发展方式会逐渐消化城乡矛盾，缩小城乡差距。

　　总结以上三条路径，E-A 路径可称为彻底的平均主义，其实新中国成立后中国有一段时期走过平均主义的道路[8]，实践证明绝对的平均主义是行不通的。城乡一体化的 E-B 路径其实是最好的选择，可是改革开放以来中国并没有做到统筹城乡发展，而是以典型城市偏向的 E-C 路径发展，牺牲了农村的福利。近年中国发展开始从 E-C 到 E-B 转变，即从城市偏向发展到统筹城乡发展，纠正了发生偏差的路径，步入了帕累托改进的最优路径。具体来说，就是在不降低城市福利的前提下开始加强农村资本配置，在不降低农村福利的前提下农村剩余劳动力开始自由迁徙到城市，而政府在城乡领域的工作重点是推进新农村建设和促进农民工市民化，最后达到资本和劳动的最优配置，社会总福利达到最优。

6.2　中国城乡一体化的理解偏误与实践危机

　　前一节分析表明，城乡一体化的 E-B 路径是最好的选择也是必然的选择。由于中国城乡分割、城市偏向的发展路径导致城乡差距并带来突出矛盾和问题，农村所分享的福利远逊于城市，为纠正这种不合理的发展模式，中国已经开启了新型城镇化和新农村建设的步伐，开始坚定地走统筹城乡发展之路，欲实现城乡一体化。事实上，打破城乡二元对立、推进城乡一体化发展早已成为一个广泛的共识[9]。理论上讲，城乡一体化的发展模式无可厚非，可是在实践过程中容易误解城乡一体化的内涵。在中国，城乡一体化的理论和实践在一定程度上是错位的，本节就城乡一体化的内涵进行再解读，纠正习惯性的偏差。

　　许多学者对城乡一体化进行定义，内容上大同小异，这里无须赘述。但是在政府主导的实践过程中往往曲解城乡一体化的内涵，这种曲解的根源依然是根深蒂固的城市偏向思维，容易将城乡一体化理解为按照城市的标准来建设农村，认为城乡一体化就是在农村建楼办企业，像城市一样不顾生态环境以发展工业，这显然不是城乡一体化的初衷。城乡一体化绝非是自然环境、生活方式、产业的一体化甚至雷同，如果仅此理解则类似前节所述的 E-A 路径所指的平均主义，但平均主义、城乡雷同绝不是真正意义上的城乡一体化。真正的城乡一体化是机会、公共产品和服务的一体化，而自然环境、生活方式就应该有所区别，因为这是城乡天然的差别[10]，农村的天然本底绝不能因为城乡一体化而被高楼大厦所埋没，不能借口"一体化"而毁掉农村的原生态。

以四川省成都市为例，成都市作为国家级统筹城乡综合改革试验区，在探索和实践城乡一体化发展方面走在前列，也确实取得了很大的成果，如建立了城乡人口自由流动的机制、消除了困扰农村发展许久的户籍制度。但在实践的过程中也存在着一定的问题，如农民集中居住区建设模式，这种模式受到不少学者的批评[11-13]，认为这种"农民骑着摩托车去种田"的农村耕作方式其实并不合理，许多农民也不愿接受这种居住方式，农民被认为是"赶进高楼的"，是政府强制性地改变农民的居住结构[14]，所以城乡一体化不是不顾条件地使农村人口集中和发展小城镇。

城乡一体化在实践中很容易看作简单的农村城市化，以为单一侧重农村发展，其实不然。城乡一体化中城、乡各自有相应发展的主体和方式，否则可能由城市偏向转为农村偏向，所以必须统筹发展，但城乡双方的重点不同。如生态建设的主体在农村，而生态文明建设的主体在城市。当然这并不是说农村就不需要生态文明建设、城市不需要生态建设。农村重在生态建设是因为它有比城市更好的自然本底，而城市重在生态文明建设是因为中国的"城市病"非常严重。

重新审视了城乡一体化的内涵后，可以看出城乡一体化的目标重点是缩小城乡差距，包括缩小收入差异和公共服务差距，但绝不是缩小天然的城乡自然底色差异，城乡一体化不是农村简单地复制城市。而缩小城乡差距的机制或者说城乡一体化的动力机制之一就是城镇化。城镇化显然不仅仅是城镇自身的发展，它是和农村是紧密相连的。如果中国的城市能够发展到和乡村的生活、乡村的发展，特别在公共服务、权利分配、机会共享等方面没有太大的差别，那才说明中国的城市化真正实现了，城乡一体化才真正实现了。

6.3　城乡一体化过程中农村人口转移的不完全性及其博弈分析

6.3.1　农村人口转移的不完全性

既然城乡一体化的目标是缩小城乡差距，而实际上中国城市已经有了更多的公共资源和服务，城市理应承担更多的责任。所以一方面要将公共服务更多转向农村，另一方面农村剩余人口要有序转移到城市。因而城乡间本应形成一股"双向流"，即农村剩余劳动力进城流与生产要素下乡流同时进行[14]。就人力资本而言，农村剩余劳动力进城流与城市劳动力下乡流本应实现互流均衡，但中国城乡发展的历史表明通常仅有农村人口流向城市，或者称为农村人口转移，这当然对农村人口发展起到很大促进作用，可问题在于中国农村人口转移存在显著的不完全性[15]，这种不完全性表现在两个典型的方面：一是农民工没有转移成市民，即身份转移不完全；二是个体转移不等同于家庭转移，即家庭转移不完全。

1. 身份转移不完全性

农民工是我国工业化和城市化进程中产生的特殊社会群体，他们不仅是农村经济社会发展的贡献者，而且是城市经济发展和城市建设的主力军。但是在我国城乡二元结构下，特别是户籍制度的制约下，他们仍被视为城市的"过客"，进城农民工虽然被统计为城镇人口，但本质上不能享受同城市居民同等的待遇，没有真正成为城市资源享有者、发展红利获益者、公共福利共享者，根本原因就是没有获得市民身份。农民工统计成城镇人口实为虚名，他们仅有城乡地理位置的转移，并没有发生身份转移，这是农村人口转移最典型的不完全性。

2. 家庭转移不完全性

由于城乡二元制度严重阻碍城市化过程，中国部分区域开始户籍制度改革。可是多数区域所谓允许农民工进城的户籍改革是有苛刻条件的，如缴多少年税、缴多少年社会保险金等，以致农民工依然难以转化成市民。一方面是农民工难以达到政府主观设置的入城标准，另一方面即使个别农民工达到标准可以成为市民，但其家庭其他成员仍不能完全转移，这批人大多是农村优质劳动力，所以农村仅剩留守老人、妇女和儿童。个体转移显然不是完全性转移，农村家庭人口产生分离化，这是典型的家庭转移不完全性。

6.3.2　农村人口转移不完全性的博弈分析

前面已述，农村人口转移存在不完全性，农村人口入城的条件是苛刻的，为什么政府要提出苛刻的条件呢？主要是成本问题，政府提出缴税、缴社会保险等条件无非是转移一部分成本给准备入城的这部分农村人口（主要是有条件的农民工），因为入城后要享受城市公共服务，这对于政府来讲就是成本。由于经济水平限制，农村人口也在理性计算个人市民化所要承担的成本，因此农村人口转移确切地说是农民（工）市民化演变成了政府和农民之间关于入城成本分担的博弈。本节就应用博弈理论[16]对农村人口转移不完全性关于成本因素进行简单的博弈分析。

首先进行成本估算和假定。政府两种决策是支持或者不支持农民工市民化，农民（工）的决策是选择市民化或者不选择市民化。对政府而言，据测算一名农民工市民化，仅解决社会保障和公共服务至少人均 10 万元[①]，这里即可设政府支付的成本是 10 万元。同时假定农民工没有市民化但政府依然要付出 0.5 万元的公共成本（如增加了人口对道路等公共设施的损害等）。对农民（工）而言，市民化的个人直接成本估算为 20 万元[②]，不市民化的直接成本为 0，但是间接成本如家庭分离导致的交通费用等假定为 1 万元，市民化后则这 1 万元可以省下，所以农民工个人市民化的总成本为 19 万元。由此画出支付表，如政府支持市民化而农民工选择市民化，则政府支出 10 万元，农民工支出 19 万元；再如政府支持市民化而农民工不选择市民化，则政府支出 10 万元，农民工支出 1 万元；其他以此类推，最后得到图 6.2。求解该博弈的纳什均衡[③]为（政府不支持市民化，农民工不选择市民化）。这一结果其实就是农村人口市民化的现状反映，对于普通农民工来说市民化的成本确实太大，政府支持一个农民工市民化的成本对政府来说可能微不足道，但大量的农民工市民化对政府来说绝对是不小的公共支出，所以政府一般都不愿支持市民化，换句话说政府在推进相关改革如户籍改革时并不卖力[17]，因为这会给交通、教育、社保等公共服务造成极大的压力从而需要大量成本。进而形成了当下农民工市民化难的困境，也使中国城镇化进程相对滞后。

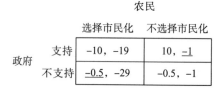

图 6.2　农民工市民化成本博弈支付矩阵

6.4　总结与讨论

典型的二元经济模式，使得中国经济在地理空间上形成了城市版块和农村版块两个体系，资本和劳动两大要素的不公平配置使城乡产生了巨大经济差。中国的城乡资源配置在埃奇沃斯盒状图看天然就存在偏差，为了纠正这种偏差，政府也一直在探索合理的发展路径。本书以帕累托最优为评判标准分析了平均主义路径、城市偏向路径和城乡一体化路径，显示城乡一体化路径是最理想的，中国当前也在积极探索统筹城乡协调发展的模式，但中国的城乡一体化在实践过程中存

①中国社会科学院.中国城市发展报告 2012[M].北京：社会科学出版社，2012.
②以住房成本为主，这里以 2011 年商品房均价 5357 元和城镇人均住房面积 32.7m² 计算住房成本，加之其他成本估算为 20 万元。
③具体求解方法见参考文献[7]和[15]。

在与理论错位的现象，"城乡一体"绝不是"城乡雷同"，城乡一体应该是存在天然的本底差别而实现公共服务均等化。

从城乡分割的二元发展到城乡一体的实践探索，中国的城乡非均衡性与农村及农村人口发展滞后有直接的关系，城乡一体化是目的更是一个过程，当前的新型城镇化就是实现城乡一体的有力路径。由于城乡一体化在实践过程的不彻底性，农村人口转移不完全，包括身份转移不完全和家庭转移不完全，这种不完全性是政府和农民城镇化成本博弈的结果。城镇化过程中农村人口发展是绝不能回避的议题，未来的城镇化过程不能再一次牺牲农村发展，必须按照社会主义新农村建设和现代农业发展的要求，有序转移农村剩余劳动力，特别要做到转移的完全性，积极探索农村人口发展之路。就四川省而言，要充分吸收成都统筹城乡改革发展的经验，切勿操之过急，要纠正城乡一体化过程中"城乡雷同化"的理解偏误。在推进农民工市民化过程中作为服务型政府，应该先要考虑政府为农民工做了什么，而不是仅仅计算农民工为城镇化发展做出了多少贡献。当前新一轮的城镇化浪潮要特别注重人的城镇化，是城乡分割还是城乡一体，人的发展是判别两者的最重要标准。

参 考 文 献

[1] Lipton M. Why Poor People Stay Poor：Urban Bias in World Development[M]. Cambridge，MA：Harvard University Press，1977.

[2] 梁亚敏. 梯度模式、跳跃模式与雁阵模式比较研究[J]. 社会科学研究，2011，(2)：51-53.

[3] 陈文胜. 新农村建设进程中的现实困境——基于湖南省万户农户调查[J]. 中国农村经济，2010，(5)：15-22.

[4] 蔡昉. 人口转变、人口红利与经济可持续性——兼论充分就业如何促进经济增长[J]. 人口研究，2004，28(2)：2-9.

[5] 刘爱玉. 城市化过程中的农民工市民化问题[J]. 中国行政管理，2012，(1)：112-118.

[6] 张孝德. 中国城市化过程中的政府悖论与城市化泡沫[J]. 中国信息报，2004，(16)：7.

[7] 高鸿业. 西方经济学(微观部分)[M]. 北京：中国人民大学出版社，2011：245-253.

[8] 刘广浩. 平均主义思想形成的原因及消除路径[J]. 中共山西省直机关党校学报，2010，(4)：21-22.

[9] 薛晴，霍有光. 城乡一体化的理论渊源及其嬗变轨迹考察[J]. 经济地理，2010，30(11)：1779-1784.

[10] 林聚任，王忠武. 论新型城乡关系的目标与新型城镇化的道路选择[J]. 山东社会科学，2012，(9)：48.

[11] 叶继红. 城市新移民社区参与的影响因素与推进策略：基于城郊农民集中居住区的问卷调查[J]. 中州学刊，2012，(1)：87-92.

[12] 徐持平，刘庆，徐庆国. 集中居住对农民生活的影响——基于湖南长沙郊区的农村调查[J]. 湖南农业大学学报(社会科学版)，2010，11(5)：44-49.

[13] 孙远东. 社区重建抑或国家重建：快速城镇化进程中农民集中居住区的公共治理[J]. 苏州大学学报，2011，(5)：67-72.

[14] 周勇，李春红，张 涛. 基于统筹城乡综合配套改革视角的农村人口城市化：重庆模式探讨[J]. 中国行

政管理，2008，(10)：76-79.

[15] 郑万军.统筹城乡发展中的农村人口转移研究[J].山东社会科学，2008，(11)：100-103.

[16] 罗伯特·吉本斯.博弈论基础[M].北京：中国社会科学出版社，1999.

[17] 汤耀国.户籍改革受阻地方政府户口背后利益是问题根本[J].经济管理文摘，2006，(3)：37-38.

第7章 新型城镇化与新农村建设过程中 农村人口发展机制

尽管城市倾向的城镇化道路阻碍了农村及农村人口的发展[1,2]，但新型城镇化与新农村建设过程中农村人口起到了双关作用，这缘于农村人口的分离化特征，一部分流入城市成为农民工为城市建设做出贡献，一部分留守于农村艰难地建设农村。这里以四川省调查的数据为例，基于 12 个不同经济发展水平地级市、29 个自然村、涉及农村人口 58945 人的村级总体调查和 8 个村、63 个农村家庭户、涉及农村人口 252 人的专题调查，深入探讨新型城镇化进程中农村人口发展与新农村建设的矛盾问题。四川省是一个人口大省，也是农业人口和农村劳动力资源大省，伴随着四川省新型城镇化和新农村建设的推进，探讨和研究新型城镇化和新农村建设之间双向互动的内在机理及农村人口发展问题在全国具有典型性和代表意义。

7.1 当前中国（四川省）农村人口问题的基本特征

7.1.1 城乡二元结构与农村家庭人口群体分化

新中国成立后，国家实行快速发展生产力、提高国力优先的政策布局，重点发展城市和工业，农村和农业的发展相对滞后。改革开放以来，大中城市得到优先发展，城乡差距进一步扩大，形成"城乡二元社会制度"。城乡二元结构的基本特征是城市和农村在生产发展、生活水平和社会保障等方面差异明显，城市享受着绝大多数的资源和政策优势，农村则承受着反哺城市建设的巨大代价，导致城乡割裂式发展。这种城乡分割典型的表现就是城乡经济差异。城市繁荣的拉力吸引着大规模农村剩余劳动力流入城市，于是农村人口开始群体分化。农村中大部分有劳力、技能和知识的优势劳动力流入城市务工，称为"农民工"；剩余部分多为农村弱势人口，主要包括老人、妇女和儿童，称为"农村留守人口"。城乡分割使得农村家庭人口发生群体分化，而且这种分化并没有使农村人口生存状态变好，反而带来更多的社会问题。农村家庭人口群体分化路径如图 7.1 所示。

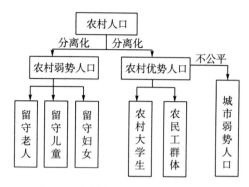

图 7.1　农村家庭人口群体分化路径

7.1.2　农村优势人口的"劳动三分离"

城乡分割的制度使得"农村优势人口"进入城市后变成"城市弱势人口"，尤以农民工群体最为突出。农民工是社会主义市场经济劳动力自由配置和城乡分割制度相互作用的结果。作为农村优势人口，农民工本应是农村发展的主体，但是进入城市务工后，一方面新农村建设和现代农业发展受到影响，另一方面农民工本身并没有在城市通过积累技能而获得高收入[3]。农民工群体表现出"劳动三分离"的特征，即劳动力①、劳动者、劳动者家庭"三分离"。一方面，农民工作为劳动者，基本以劳动力作为唯一商品来交换工资，而自身没有得到相应的社会权利和福利待遇，致使劳动力与劳动者分离；另一方面，农民工个体在城市就业，而其家庭依然在农村，致使劳动者与劳动者家庭分离。

7.2　农村人口与城镇、农村发展的内在机制

7.2.1　农村-城镇单向流动的传统城镇化发展机制

传统的城镇化只是一种单向流动模式的城镇化，以发展城镇为主，几乎所有的优质劳动力、资源和政策均向城市倾斜，城市作为先进生产力和先进文化的创造和承载主体，通过大量吞噬和聚集周边资源而迅猛崛起[4]。大量农村资源被剥夺，大量的农村劳动力流入城市，造成农村空心状态，而农村被抽空优质劳动力和其他资源以后，留守人口很难驱动农村的发展，新农村建设再一次被滞后，"农村病"、"三农"问题接踵而至。此外，农民工涌入而非融入城市，不能享有

———————————

①这里的劳动力指人口劳动能力，不是指劳动人口。

和城市人口相同的福利。城市缺乏足够的容纳能力来容纳大量人口，城市的布局
也缺乏行之有效的规划，一味地扩张，过度地膨胀，造成人口、资源、环境的紧
张状态。虽然城市扩张带来了城市的发展，但是也产生了诸多城市病，城乡隔离
加剧，城乡的矛盾也加剧。而这时候的城镇化研究却更多地关注城市问题，对农
村的发展置若罔闻。使得城乡二元结构加剧，影响社会和谐。传统城镇化模式与
发展问题如图 7.2 所示。

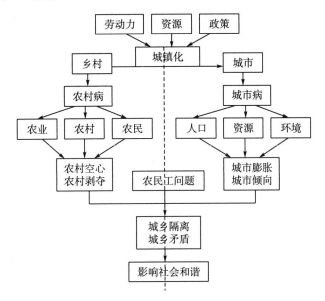

图 7.2　传统城镇化模式与发展问题

7.2.2　农村优势人口单向驱动城镇化发展的内在机制

农村人口群体分化过程中农村优势人口主要分为两部分：进城务工的农民工
和农村大学生。由于城市是各种资源的集聚中心，这两部分农村优势人口都进入
城市，为城镇建设和发展做出贡献，而城市优势人口并没有反哺于农村，这一过
程可以总结为"农村优势人口单向驱动城镇化发展"。

1. 农民工对城镇发展的贡献

1）直接贡献——货币化收入估计

据测算，目前全国平均每个农民工每年创造的 GDP 是 3 万元(引用文献为
2009 年以前的 2.5 万元，考虑两年的增长变化，这里估计为 3 万元)[5]，另据国
家统计局统计，2011 年中国约有 2.5 亿农民工①，测算创造的 GDP 就是 7.5 万

---

①国家统计局.2011 年我国农民工调查监测报告[EB/OL].http：//www.stats.gov.cn/tjfx/fxbg.

亿元，相当于 2011 年全国 GDP 的 16%。对于四川省，2011 年转移输出农村劳动力 2300.5 万人，实现劳务净收入 2035.8 亿元①，据此预测创造出的 GDP 大约为 6900 亿元，相当于全省 GDP 的 32.8%，扣除劳务净收入大约留给城市的 GDP 贡献为 4865.7 亿元。可见农民工对城市发展的直接贡献是非常大的，大大推进了城镇经济的快速发展。

2) 间接贡献——人口红利和城市建设

农民工在繁荣城市经济的同时丰富了城镇的劳动力资源，有效地抑制了劳动力成本的上升速度，为发挥我国劳动力资源优势和人口红利做出了贡献，人口红利的释放间接提高了中国企业的竞争力。同时农民工对城市建设本身做出了难以估量的贡献，他们广泛分布于国民经济各行业，其中城市基础设施、建筑、环卫、家政、零售、餐饮等影响城市正常运转和城市居民正常生活的绝大多数业态都有他们的存在，几乎可以说，是农民工建设了现代城市并维持了城市的运转。

2. 农村大学生留在城市不回农村

农民工和农村大学生两部分农村优势人口单向流入城市，前者直接成为城市劳动力，为城市发展做出了巨大贡献；后者又分为两个阶段，首先是受高等教育这一段时期是做为一个消费者刺激了城市消费，然后是毕业后农村大学生几乎都选择留在城市不返回农村，农村好不容易走出来的大学生并没有为农村做出多大的贡献而是进一步为城市做出了巨大贡献。

以南充市为例，根据 5 个村级专题调查，总大学生人数为 80 人，返回就业的仅有 3 个，返回率仅为 3.75%，而根据 21 个家庭调查，有 5 个大学生，没有一个返回就业，这些大学生父母的回答很朴素：好不容易出来的大学生，就应该进入城市，不要他们回来像我们一样在农村受累。在调查过程中了解到许多乡村都有大学生村官，并且农民肯定大学生的作用，但当问及是否愿意自己的大学生孩子回乡就业时都表示"不愿意"。对于农村家庭，"有文化"的人特别受宠，在学校消费越来越高，教育成本也越来越高。更棘手的是，农村大学生就读高校普遍是非重点院校，以职业类专科学校为主，其就业前景并不乐观，从农村分离出来的所谓优势人口也变成了城市弱势人口。尽管在城市生存困难，他们也不愿返回农村，而是继续留在城市，为所谓的"城市梦"奋斗。

7.3　农村弱势人口艰难驱动新农村发展机制

农民工进城务工、农村大学生进城受教育并工作，显然对城镇化建设和经济

①白静，熊润频.去年全省农民人均工资性收入 3450 元[N].四川日报，2012-3-2.

发展做出了贡献，但大量的农村优质劳动力流入城市，弱势留守人口很难驱动农村的发展，"三农"问题接踵而至。

7.3.1　农村优势人口剩余量严重不足

城乡悬殊收入差距引致的城市抽水机效应，将农村生产优质资源包括农村优势人口不断吸引流入城市，农村人口流动更多地表现为一种"上位流动"，亦即农村人口流动的主体主要以有一定文化知识水平或有一技之长、思想观念比较开放的年轻人为主[6]，他们在年龄、知识、才能等方面具有相对优势，是农村中的精英，以致农村优势人口剩余量严重不足。根据调查，四川省农村户均人数为3.71 人，劳动力人数为 1.91 人，其中 1.07 个劳动力外出。其中广安市岳池县某村总人数 914 人，劳动力 586 人，其中外出务工人数就有 483 人，外出率达到了82%，绝大多数劳动力人口都外出务工，留在农村的劳动力仅为 103 人，不足 18%。

7.3.2　农村弱势人口艰难驱动新农村建设

新农村建设于 2006 年姗姗来迟，相对于中国 60 余年的城市倾向化发展，农村建设获得政策支持实则不易。经过多年的建设和发展，新农村建设取得长足的进步，但并未达到预期的效果。譬如许多新农村建设远没有达到规划目标的要求，甚至都没有理解新农村的内涵，仅把新农村理解为"新房子"。而且多数新农村建设规划在民居和建筑上没有农村特有的自然性和"天人合一"的审美设计，甚至根本没有达到"村容整洁"的目标，相信这会成为新农村建设的败笔。

根据调查，造成上述结果的原因有资金缺乏、规划滞后与不合理、旧村改造和新村建设不协调、农民建设主体的意识不强等。不可否认以上原因是普遍的，但就偏远地区新农村建设而言，一个更为突出的问题是劳动力的缺失，优秀的规划者和建设者早已流失殆尽，留守的农村弱势人口无法支撑新农村建设的劳动力需求，只能艰难地驱动上级交予的"任务"进行旧房改造和新房建设而已。

7.3.3　现代农业发展的劳动力已经女性化和老龄化

四川省农村剩余青壮年劳动力大量外出，留下的主要是妇女、老人和儿童等，这样农村青壮年劳动力减少，导致在农村务农人员中主要是妇女和低龄老人，他们构成了当前四川省农业劳动力的重要力量，农村劳动力已经女性化和老龄化。四川省作为农业大省，农业生产的劳动力落在了妇女和老人身上，他们很大一部分要继续耕种世代为生的土地,其中夫妻双双外出仅有老人种田的数量非常庞大,已成为四川省农村的普遍现象。在农忙季节表现特别突出,由于缺少子女协助,很多留守老人的劳动负担沉重不堪。调查发现,47.30%的留守老人认为自己的劳动负担很重,表示劳动负担难以承受的达18.3%。这种农业生产的老龄化倾向,无论对留守老人自身还是农业生产的发展都有不利的影响。

另外,按照现代农业的概念,高科技和机械化是基本的特点,可惜的是,四川省绝大多数农村还是延续千百年来的人耕文化,机耕覆盖率非常低,甚至耕地的工具(主要是犁和耙)都依然是小学历史教科书上绘制的几千年前的古老形式,没有实质的变化,这就是真实的农村。数据显示,2010年农村家庭每百户仅拥有汽车1.73辆,大中型拖拉机0.73台,小型和手扶拖拉机2.5台,役畜22.11头,而同期全国的平均水平分别为2.29辆、3.37台、19.39台、29.39头[6]。因此,在当今农村劳动力女性化和老龄化的前提下,四川省要发展现代农业任重道远。

7.4　新农村建设和新型城镇化共同繁荣发展的双向互动机制

7.4.1　"三化"互动,实现新型城镇化和新农村建设共同发展

要实现城市和农村的共同发展和繁荣,首先要理清共同发展的动力、主体、对象、目标和未来社会形态,其中的每一个要素或状态都是乡村和城市双向互动的结合。显然共同发展的主体就是乡村和城市,其中乡村的主要对象是农业、农村和农民,城市的主要对象是人口、经济社会和资源环境。关键的动力机制就是新型城镇化和新农村建设同步推进,同时协同发展新型工业化,做到"三化"互动。对于"三化"互动发展的内部机制,新农村建设以政府为主,因为现今四川省农村相对比较凋敝,缺乏优势资源,靠市场机制难以有发展机会,而新型工业化和城镇化要以市场为主,调整城市偏向的思路。发展思维上重视农村发展战略,构建"三化"联动发展机制,在推进新型工业化、新型城镇化的进程中,必须同步推进农业现代化,建设现代新农村。以此为动力,欲达到的目标是农村和城市都是生产发展、生活富裕、人口资源环境与经济社会协调发展。乡村和城市共同繁荣的发展机制如图7.3所示。

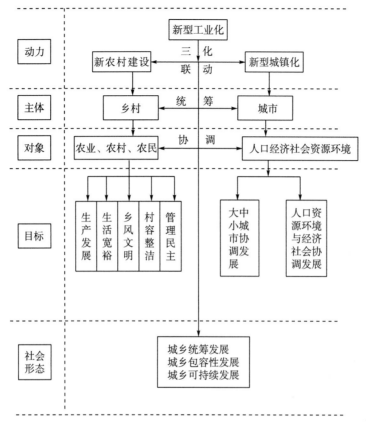

图 7.3 乡村和城市共同繁荣的发展机制

7.4.2 工业反哺农业，城市反哺农村

在长期接受农业哺育后，中国工业已快速成长，而且长期以来都超过城镇化率，当今工业发展在开始谈转型升级时应该回报农业、反哺农业。工业反哺农业，是对新型工农关系和城乡关系的一种概括，是对"农业哺育工业"的升华转化。需要指出的是，这里工业和农业是广义的概念，工业泛指非农业部门和城市，农业则涵盖"三农"。实行"工业反哺农业"、"城市反哺农村"，既是解决好"三农"问题的必然要求，也是落实科学发展观，促进整个国家经济社会发展的必然要求。坚持把"三农"工作作为全部工作的重中之重，不断夯实农业基础地位。实施统筹城乡发展战略，加大工业反哺农业、城市支持农村力度，着力破除城乡二元分割的体制性障碍，构建现代城乡新形态。

7.4.3　高校毕业生支持新农村建设

　　近年来，国家陆续出台鼓励高校毕业生积极参加社会主义新农村建设、城市社区建设等一系列优惠政策。随着"大学生村官计划"、"西部计划"和"三支一扶"等项目的启动，各级政府也为高校毕业生创造工作条件，鼓励大学生充实各城市社区和农村乡镇基层单位。在四川省，自 2006 年起，国家高校毕业生"三支一扶"计划与四川省"一村一居一名大学生"计划结合实施，分为省统一实施项目和市(州)实施项目，其中"三支一扶"每年招募的人数为 1000～1500 人，(其中 2007 年 1200 人，2008 年 1000 人，2009 年 1500 人，2010 年 1300 人，2011 年 1300 人，2012 年 1400 人①)，加之四川省内计划，估计总人数超过 2 万。这为四川省农村发展、农业生产和新农村建设做出了一定的贡献。本次调查的乡村中，所有的村至少有一个大学生，甚至有多个，如南充市营山县小桥镇工农村有三个大学生村官，当地老百姓都表示大学生到农村支教、支医、支农等政策对村子有一定的贡献，因此需要大学生到基层去。

　　实际上高校毕业生支持新农村建设可以看成是城市反哺农村的一种形式之一。高校毕业生将其在城市学习到的文化知识和价值观念带到农村，融合在新农村建设过程中。不过调查也显示至少有两个问题值得注意，一是大学生村官尽管有干劲有激情，但农村"老干部"并不敢大胆放权于"年轻稚嫩"的大学生；二是农村出生、熟悉农村生活状态的农村籍大学生的父母并不愿意自己好不容易培养出来的"优秀孩子"回到农村，而是希望其在"环境更好"的城市生活。这两个问题其实可以总结为观念问题，前者是沉淀了多年的农村治理模型难以在短时间被打破，后者是当前城乡差距引致的城市偏好难以在短时间内扭转。所以高校毕业生支持新农村建设是城乡共荣的重要举措，但还有漫长的路要走，不仅仅是高校毕业生下到基层这么简单。

7.5　总结与讨论

　　城乡分割政策下农村家庭人口群体分化为农村优势人口和农村弱势人口，前者本应该为新农村建设的主体却因工农收入差距流入城市，为城市建设做出巨大牺牲，但糟糕的是，这部分农村优势人口在城市却是不折不扣的弱势人口。后者留守在农村，新农村建设不仅没有从根本上解决农村弱势人口的发展问题，而且反过来这部分农村弱势人口要艰难驱动新农村建设，发展"概念上"的现代农

---

　　①数据为每年四川省高校毕业生"三支一扶"计划招募公告(电子版)的拟招募人数，其中 2006 年为计划实施的第一年，拟招募数据缺失。

业。特别是国家再一次强调推进城镇化进程，使政府当前主抓的依然是新型城镇化的快速推动，而新农村建设有再一次被滞后的嫌疑。

总结来说，无论农村优势人口还是农村弱势人口，在发展上都存在瓶颈，并没有全面做到"以人为本"，经济发展和改革开放的成果并没有公平地惠及农村人口。因此解决农村人口的发展问题也应该像之前偏向城市那样坚决从政策上偏向农村，一是针对农村优势人口入城做好农民工市民化工作，而且应该走劳动力、劳动者、劳动者家庭的"三统一"下的农村家庭市民化路径，降低城镇化门槛，将有条件的高技能型农民工实现家庭城镇化，转移到中心城镇，打破长期存在的单一个体城镇化模式和农村家庭人口分离化现象；二是针对农村弱势人口做好社会保障工作，要以新农村建设为重点吸引优质劳动力，特别注重维系农村留守人口权益，实施惠及农村留守人群利益的专项工程，包括养老体系、医疗体系和教育体系，加大城市反哺农村的力度，配置更多更优的生产要素予以农村建设。

参 考 文 献

[1] Todaro M P. A model of laber migration and urban unemployment in less developed counties[J]. American Economic Review, 1969, (1): 138-148.

[2] Lucas R E. Life earnings and rural-urban migration[J]. Journal of Political Economy, 2004, 112(1): 29-59.

[3] 袁薇. 新型城镇化过程中四川省农民工市民化研究[M]. 成都：四川师范大学出版社, 2011.

[4] 徐恒杰. 铭记农民对工业化进程的巨大贡献[N]. 农民日报, 2009-10-30.

[5] 中国国家统计局. 中国统计年鉴 2011[M]. 北京：中国统计出版社, 2011.

[6] 钟海, 陈晓莉. 农村人口流动视阈下的乡村治理困境及对策[J]. 西华大学学报(哲学社会科学版), 2007, (6): 66-69.

第8章 四川省农村及农村人口发展典型模式探索

根据前面分析，城乡分割及其导致的农村人口转移不完全的局面短期不能解决，这就必须找到适合这种转移不完全状态下的农村人口发展模式。理论上讲最根本的解决办法是使农村人口转移完全，但这不是一个短暂的过程，这种博弈还会持续。就政策而言，中国政府意识到农村人口转移的不完全性及消极意义，因此2014年12月再一次强调推进城镇化进程，并重点关注城镇化的质量，包括农村人口转移问题和农民工市民化问题，要以更大的努力去解决农村人口发展问题。对四川省来说，也提出新型城镇化发展思路，并于2014年12月提出"适应经济新常态，构建以四大城市群为主体形态、大中小城市和小城镇协调发展的城镇化新格局"的战略构想，所以在政府主导的发展环境下，四川省农村人口发展模式需要结合新型城镇化发展路径，分区域、分类型寻求符合因地制宜要求的、多元化的农村人口发展模式。

不同城镇化定位区域有不同的内外部条件，农村及农村人口发展模式也不一样。需要指出的是，农村和农村人口发展是有机统一的，农村人口发展会带动农村的发展，农村的发展也会带动农村人口的发展，所以在探索农村人口发展模式时需将农村发展本身纳入研究范畴。同时，农村、农村人口和农业相伴而成，所以，研究农村人口发展模式是三农问题的统筹研究，或者说，解决农村人口本身和通过建设新农村发展现代农业的本质都是以人为本的人的发展。

按照四川省新型城镇化发展推进力度和四川省区域地理位置及经济发展现状将四川省所有地级以上城市分为三个类别：首位城市成都称为新型城镇化优化区；"两化重点"地级城市称为新型城镇化快速推进区[1]，包括自贡、泸州、德阳、绵阳、攀枝花、内江、乐山、南充和宜宾；剩余的城市称为新型城镇化积极稳妥推进区。

8.1 新型城镇化快速推进区农村（人口）发展模式——平原模式

平原模式中的农村人口发展得益于两个因素：自然和城市发展，前者给予了该地区农业发展的先天条件，后者为农村剩余人口转移和发展提供了空间。按照四川省新型城镇化发展路径模式,平原区包括了优化发展的首位城市成都市及其联动效应比较强的其他快速推进区域,这里一并合为新型城镇化快速推进区[1]。作为"首位城市"的成都一直领先发展,城镇化程度已经比较高,各种资源环境承载压力比较大,直接吸收大量农村人口的空间有限,其农村人口发展模式在于应用市场化手段优化区域内的农村资源配置,通过市场引领、空间融合,以提高农村及农村人口发展质量。以此为基础,根据地域关联性和自然环境相近性,将一些未纳入十三五规划培育成百万人口特大城市的地级市按地理要素划分进来,得到之前涉及的盆地平原区的所有城市。

8.1.1　城乡空间统筹,近郊区、远郊区、偏远地区城乡市场无缝融合模式

长期以来农村缺乏正确的引导和政策的支持,大部分农村仅是依靠单一、小规模、分散化的土地资产发展模式,没有很好地利用城乡空间关系和市场机制来构建多元化农村(人口)发展模式[2]。近郊区、远郊区、偏远地区大都是单一的小农经济发展模式,普遍缺乏现代化、市场化、新型化的多元化发展模式,使农村失去竞争力,甚至空心化、萧条化,严重阻碍农村及农村人口发展。

因此城镇化优化区首先要破解农村单一的依赖小规模、分散化土地资产的发展模式,依据农村与城市的空间关系构建多元化农村(人口)发展模式。成都作为典型的圈层城市结构,农村人口聚集在二三圈层或者说是近郊区和远郊区。近郊区要以现代产权制度为依托发展村集体经济,构建城乡市场无缝融合模式;特别是土地产权改革,要在拥有使用权和收益权的基础上,重点促使土地资源转化为农民的财富资本,确立农民在土地流转过程中的主体地位。远郊区以现代都市农业为基础,构建现代化农场新型社区,形成现代农业推动型发展模式;同时,农民进城不以牺牲承包地、宅基地等财产权为代价,充分保障农民的基本权益。

8.1.2　案例分析:成都市青白江区城乡统筹引领下的农村人口发展模式

成都地处四川盆地西部、成都平原中部,市中心(天府广场)位置为104°4′E,30°39′N,东西最大横距192km,南北最大纵距166km,辖区总面积12390km²,成都市辖19个区市县,分三个圈层(其中第一圈层为锦江区、青羊区、金牛区、武侯区、高新区,第二圈层为龙泉驿区、青白江区、新都区、温江区、双流县、郫县,第三圈层为都江堰市、彭州市、邛崃市、崇州市、金堂县、大邑县、蒲江县、新津县)。成都作为西部发展高地,是重要的经济、文化、科技、商贸、教

育中心。西部大开发以来，成都城市建设和社会经济取得跨越式发展，成为西部发展典型城市，其中统筹城乡发展水平在全国范围内一直处于前列。

1. 成都市统筹城乡发展历程与成效

2003 年，成都大胆提出城乡一体化的发展模式探索，经过几年的发展，成果显著。2007 年被上升为国家级统筹城乡综合改革试验区，在探索和实践城乡一体化发展方面走在前列，取得了更大的成果，如建立了城乡人口自由流动的机制，改革了困扰农村发展许久的户籍制度等。经过十年的探索，2013 年，成都市提出"打造统筹城乡综合配套改革升级版"[1]的要求，成都市统筹委在二三圈层区(市)县选择了一批特色鲜明的乡镇作为"深化统筹城乡改革发展推进新型城镇化综合示范项目"，同时选择了一批改革创新项目作为"统筹城乡专项改革试点项目"，着力围绕体制机制创新，深化城乡统筹改革，通过进行集中打造和提升，形成一批整镇推进的新型城镇化综合示范和统筹城乡专项改革的新亮点[3]，为推进新型城镇化与新农村建设同步发展、完善城乡经济社会一体化发展的体制机制总结更多实践经验。

2. 成都市"升级版"统筹城乡发展与战略选择

"升级版"的统筹城乡发展要求充分发挥群众的主体作用，实施一批事关城乡群众福祉的重点项目、民生工程，让城乡居民共创共享改革发展成果。积极稳妥推进重点领域和关键环节改革，推动统筹城乡改革发展由浅入深，真正促进农业发展、农民增收、农村繁荣。其中最大的特色是坚持分类推进，探索新型城镇化的实现方式。贯彻落实"五大兴市战略"[4]，将试点示范分为"综合示范"和"专项改革"两类，其中综合示范选择有条件的乡镇实施，专项改革试点着重在面上实施，做到既做好共性改革，又突出个性改革。"专项改革"着重在面上实施，主要在农村生态移民、城镇公共交通、城乡生态建设、重大公共设施建设、城乡要素流动等方面创新体制机制。经过调研最后确定了青白江区福洪乡、蒲江县寿安镇等 8 个"深化统筹城乡改革发展推进新型城镇化综合示范项目"，龙泉驿区"山区生态移民"、新津县"重大公共建设项目民主管理机制"等 6 个"统筹城乡专项改革试点项目"。

其中，"综合示范"通过整镇推进，根据不同区域的不同特点，区分为 5 个大的类别：都市现代农业促进新型城镇化类(青白江区福洪乡、崇州市白头镇、大邑县斜源镇)、工业引领新型城镇化类(金堂县竹篙镇、蒲江县寿安镇)、商贸业带动新型城镇化类(彭州市濛阳镇)、乡村旅游业促进新型城镇化类(郫县三道

---

①成都市统筹城乡综合配套改革试验区建设领导小组办公室. 关于推进统筹城乡综合配套改革升级版示范建设的报告. 成统筹领办〔2013〕2 号.

堰镇)、灾后重建推进新型城镇化类(邛崃市高何镇)等不同类型开展示范建设,寻求不同地区推进新型城镇化的不同实现方式。

3. 青白江区福洪乡统筹城乡背景下农村人口发展

青白江区福洪乡作为都市现代农业助推新型城镇化类的统筹城乡发展模式,其基本路径是新型城镇化与新农村建设并举,打造统筹城乡发展、城镇农村同步现代化的综合性载体。按照中央关于"促进工业化、信息化、城镇化、农业现代化同步发展"的战略部署,坚持新型城镇化与新农村建设并举,结合不同区域的发展优势和要素禀赋,将示范区域打造成统筹城乡发展、城镇农村同步现代化的综合性载体。在示范区域,紧扣以人为本这个中心,突出产业支撑和城镇承载能力建设,促进信息化和工业化的深度融合、工业化和城镇化的良性互动,走产城一体、"四态合一"的新型城镇化道路;坚持同步推进新农村建设,使农业现代化与工业化、信息化、城镇化相互协调,走"产村一体"、适度集中居住的新农村建设道路,使示范区域经济社会发展率先进入"四化同步"的科学发展路径。

按照成都市统筹委规划,福洪乡将着力在积极发展都市现代农业,实现农业规模化经营,促进农民向农业工人转变;通过经营性集体建设用地开发利用,促进场镇产业集聚发展;建立分层次引导农民转移促进城镇化的体制机制等方面进行大胆探索。

4. 福洪乡统筹城乡发展模式实践——集成推进统筹城乡综合示范建设

1)福洪乡统筹城乡概况

福洪乡地处青白江区南部,距成都中心城区 23km、青白江城区 24km,南临龙泉驿区、西接新都区,成南高速、成德南高速、青南大道、成环线主要干道穿境而过。全乡辖区面积 39.4km²,辖 9 个行政村、131 个村民小组、29194 人,是客家人集聚地。近年来,福洪乡坚持把新型城镇化建设作为带动经济社会发展的重要抓手,坚定不移的走特色化、品牌化、规模化、产业化发展道路,实现了平稳较快发展。2012 年,实现地区生产总值 3.59 亿元,地方财政收入 672 万元,固定资产投资 1.62 亿元;城镇居民人均可支配收入 21258 元,农民人均纯收入 10199 元。被评为"2012 最具投资环境乡镇"。福洪乡杏花村先后成功创建为国家 AAA 级景区、"全国生态文化村"、"四川最具潜力花卉观赏地"、"成都市十大旅游特色村"。2013 年,福洪乡跻身全市首批建设的特色小镇,特色定位为杏花风情小镇。

2)福洪乡统筹城乡发展模式核心要领

福洪乡坚持用统筹城乡的思路和办法,以农民群众为主体,以全域土地综合整治为抓手,以都市现代农业为支撑,持续深化"五大统筹",积极探索农业乡镇新型城镇化实现路径。福洪乡是成都市特色鲜明、充满活力的"杏花山乡"，它最大的特点是全市纯农业乡镇深化统筹城乡改革发展样板。

　　总结福洪乡统筹城乡发展模式发现，它的核心要领在于政府引导和农民自主参与，充分尊重农民意愿。政府引导的方向主要是建立规划体系并严格执行规划，同时其特色是土地集中整治和规模化流转；另外，政府在组织科技支撑力量做到协同推进，例如，高等院校的专业化人才特别是农业人才和技术。农民自主方面则是充分发挥农民自身的智慧和力量，在龙头企业、专合组织、农村信用社和文化旅游方向创造出多种富有成效的成果。与龙头企业签订合同建立托管模式、自主发生土地流转；农村信用社提供农业发展资金，农民可进行规范化生产；专合组织则协调各农户之间、农户和企业、农户和市场之间的关系，建立从种子到市场销售的产业链模式；而特色农业方面则发展文化旅游，例如，杏文化和客家文化，不仅增加了农民收入，还丰富了农村文化生活。福洪乡统筹城乡发展的核心要领如图 8.1 所示。

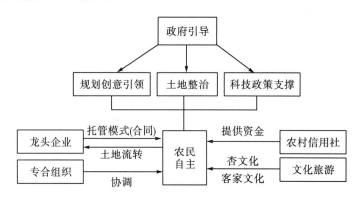

图 8.1　福洪乡统筹城乡发展的核心要领

5. 福洪乡统筹城乡发展关键路径总结

　　福洪乡统筹城乡发展的关键路径如图 8.2 所示，福洪乡围绕"两化互动"统筹城乡总体战略和"统筹城乡综合示范建设"目标，以土地综合整治、特色镇建设、新农村建设、产业发展、基础设施配套、公共服务和社会管理等工作为重点，取得重要成果，其主要做法分为 5 点。

　　(1)编制实施方案。按照集成推进福洪乡统筹城乡综合示范建设的决策部署，决策部门经过多次实地调研、充分论证和研究，形成了《关于集成推进福洪乡统筹城乡综合示范建设实施方案》。方案着眼"四化同步"科学发展路径，立足推进农村城镇化、农业产业化、农民市民化，以科学规划为依据，产业发展为支撑，体制机制创新为动力，农村土地综合整治为抓手，深化改革探索创新、推进农村土地综合整治、提速场镇建设改造、加快农民分层集中、完善城乡基础设施、健全镇村公共服务、连片发展特色产业，全力打造特色示范镇。

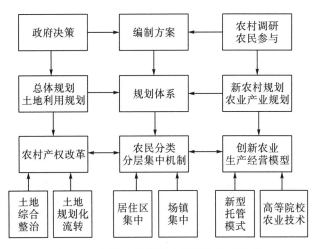

图 8.2 福洪乡统筹城乡发展的关键路径

(2)完善规划体系。坚持"四态合一"、"四性"原则和"十化"导则，进一步完善区域总体规划、土地利用总体规划、场镇改造提升、产业发展、新村建设、基础设施建设、社会事业发展、生态环境建设等各项规划，实现城乡建设规划与土地利用、产业发展、公共服务等规划的细化融合和无缝对接，形成有机衔接、全域覆盖的全域规划体系。

(3)探索农民分类分层集中机制。结合农村土地综合整治，着力消除人口自由流动的体制性障碍，有序引导农民分层分类向集中居住区、场镇集中，鼓励有条件人口通过"持产权进城、退出产权、货币化终结"等形式向城区集中落户，激活城乡各类生产要素，缩小城乡差别，就地实现城镇化。

(4)创新农业生产经营模式。引进高等院校、农业技术企业，探索现代农业生产经营模式，纵深推广福洪乡托管模式，进一步扩大托管面积、延展托管品类、拓展托管区域，壮大托管主体实力，促进产业健康、持续发展。

(5)用好用活农村产权制度改革成果，推进农村土地综合整治、场镇建设、土地规模流转，促进生产要素流动，为农村土地资源变资本奠定了基础，为产业发展腾出空间。

6.福洪乡统筹城乡发展集成运作机制和创新机制

1)福洪乡统筹城乡发展的集成运作机制

福洪乡统筹城乡发展的集成运作机制如图 8.3 所示。

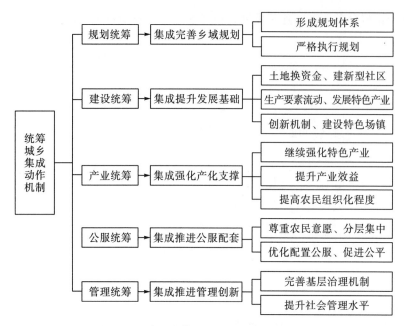

图 8.3　福洪乡统筹城乡发展的集成运作机制

(1)深入落实规划统筹，集成完善乡域规划。一是完善乡域规划，形成多规衔接的乡域规划体系。完善区域总体规划、产业特色发展、场镇建设、基础设施配套、生态环境建设等各项规划，实现乡域发展规划与区域发展规划的无缝对接、各专项规划的细化融合。二是严格执行规划，集成发挥乡域规划的引领作用。坚持把产村相融互动、产业连片发展作为统筹城乡改革发展的着力点，有效发挥规划的先导引领、规范管制作用。

(2)深入落实建设统筹，集成提升发展基础。有效运用农村产权制度改革的成果，有序实施全域农村土地综合整治，集成盘活农村资源，强化三大发展基础：一是换取资金建好新型社区，在已实施杏花、幸福、民主、字库、先锋等 5 个土地综合整治项目，累计节约集体建设用地指标 2500 余亩，换取资金 77740 万元，建成总建筑面积达 48.42 万平方米的农村新型社区(约 1605 元/m², 集中约 1400 人)，全面实施胜利、栏冲等 4 个村土地综合整治项目，建设新型社区和"小规模、组团式、生态化"新农村综合体 45.5 万平方米，实现农民生活方式的彻底改变；二是流动要素发展特色产业，探索以集体建设用地开发利用为主的生产要素流动试点，通过联合开发、公开转让、参股合作等多种形式，推进经营性集体建设用地有偿、有期限流转和有序开发利用，促进农民就近转移就业和财产性持续增收；三是创新机制建好特色场镇，坚持尊重农民群众意愿、完善利益连接机制，推进新型社区建设与特色场镇开发有机相结合，集约配套建设 29.7km 的新场镇和农村道路、日处理能力 800t 的污水处理厂、16000m² 的农贸市场等基础设施，快速提升场镇承载能力。

（3）深入落实产业统筹，集成强化产业支撑。一是发展特色产业，在现有13000亩福洪杏、3000亩紫色农作物、500亩观赏玫瑰的基础上，持续深化与市农林科学院的院乡合作，扩大三大主导产业的种植规模；二是创新模式提升产业效益，坚持建基地、育龙头，通过完善利益连接机制，提高农民的组织化程度，在农户自主经营、专业合作社带动经营的基础上，继续实施龙头企业农场式规模经营、农业开发有限公司标准化托管经营，实现特色农产品产量、品质和品牌销售效益双提升；三是延伸产业链条，举办杏花观赏节、杏果采摘节的延伸产业链，依托农村土地综合整治，有机串联农村居民点、旅游观光景点、特色农产品加工、休闲观光与农事体验等产业活动，拓展、提升乡村旅游，促进农民持续增收。

（4）深入落实公服统筹，集成推进公服配套。一是尊重意愿促进分层集中，深入探索建立农村宅基地、土地承包经营权退出机制，有序引导有条件人口通过"持产权进城、退出产权、货币化终结"等多种形式，分层向城区、集中居住区、场镇集中落户；二是优化配置促进公服均衡，坚持公共服务和社会管理配套设施与新型社区、场镇同步建设，实现场镇、新型社区标准配置和城乡政务服务、文化教育、医疗卫生、就业服务、社会保障全覆盖；三是落实政策完善保障供给，落实各类社会保障举措，确保乡域居民养老保险、基本医疗保最大程度覆盖，实现城乡低保应保尽保，全面消除农村无房户、土坯房。

（5）深入落实管理统筹，集成推进管理创新。一是完善基层治理机制，围绕"阳光透明村务，群众满意村政"，细化、明晰村级党组织、自治组织、监督组织、集体经济组织和社会组织各自的地位、权力边界和运行规则，理顺村自治组织与政府、基层党组织和集体经济组织的关系；二是提升社会管理水平，创新利用村级公共服务和社会管理资金，大力培养公路养护、治安联防、社会矛盾调处等公益性、服务性社会组织，积极探索向社会购买公共服务的方式和渠道，促进社会管理优质化。

2）福洪乡统筹城乡模式的创新机制

（1）尊重农村产权利益，盘活农村土地资源。有序实施全域农村土地综合整治，节约的集体建设用地指标及换取的资金用于城乡建设发展，促进乡村自主、自我盘活资源建新村，优化资源谋发展。

（2）提高农民组织化程度，拓展提升特色产业。创新利益连接机制（土地流转模式下的直接收益连接、建设用地开发利用的合作利益连接、托管模式下的种植利益连接、兼业化实现的经营利益连接），提高农民的组织化程度，通过流转开发集体建设用地，持续发展以三大特色产业为本底，农产品加工、乡村旅游为延伸的都市现代农业，强化新型城镇化的产业支撑，推进产镇一体。

（3）引导农民自主决策，实现人口分层集中。以维护产权利益为基础，以尊重农民意愿为原则，促进农民分层集中，特别是为有条件、有意愿的农民向城镇集中搭建平台，避免"被动城镇化"、"无序城镇化"。

（4）创新机制建好场镇，提升场镇承载能力。结合新型社区建设开发新场镇，集约实施公共服务和社会管理设施建设，既提升特色场镇的承载能力，又避免"空心城镇化"。

（5）集成政策项目资金，统筹推进"三化"进程。集成强化组织领导、集成保障政策要素、集成各方力量推进等系列工作措施推进，加快统筹推进农业现代化、农村城镇化、农民市民化。

8.2 新型城镇化积极稳妥推进地区农村（人口）发展模式——丘陵低山模式

由于成都市人口压力的饱和，同时四川省其他城市缺乏足够的吸引力，使四川城镇规模断层。因此四川省提出构建四大城市群为主体形态，大中小城市和小城镇协调发展的"一轴三带、四群一区"城镇化发展格局，以增强区域性中心城市对地区经济发展的辐射带动作用，这些城市将是近期新型城镇化快速推进的区域，也将成为农村剩余劳动力转移的主体[2]。

8.2.1 劳动力、劳动者、劳动者家庭"三统一"下的农民工家庭市民化模式

劳动力、劳动者、劳动者家庭的"三分离"是农村人口转移不完全的典型后果。一是农民工作为劳动者，基本以劳动力作为唯一商品来交换工资，而自身没有得到相应的社会权利和福利待遇，致使劳动力与劳动者分离；二是农民工个体在城市就业，而其家庭依然在农村，致使劳动者与劳动者家庭分离。所以未来快速城镇化地区首先要解决的问题就是确保农村劳动力、劳动者、劳动者家庭的"三统一"，避免重蹈覆辙。新型城镇快速推进区农民工市民化是农村人口转移和发展模式的主要方式，所以农村人口转移和发展必须是劳动力、劳动者、劳动者家庭的"三统一"下的权利公平发展。

8.2.2 公平劳动力价格的农村人口发展

农村劳动力价格长期持续偏低是农村人口发展缓慢的关键因素之一，劳动力在农产品生产中的价值普遍受到挤压，农村劳动力的付出与收益完全不匹配。大

部分收益被农产品的流通领域分摊，农村人口本身获益甚少。所以必须应用现代技术发展和管理农业资源，建立现代农业的产品体系、功能体系和服务体系，重点发展农业科技、社会化服务、农产品加工、市场流通、信息咨询等为农服务的相关产业，以提升农业现代化水平，提高农业抗风险能力、竞争能力，特别要扭转农村劳动力价格长期偏低的事实，提高劳动力在农业生产、加工、销售等产业链的价格水平，增加农民的实际收入。这是提高农村劳动力价格水平的市场化方法，同时政府要有意识地保证农产品的最低价格，间接提高农村劳动力价格，增加农村人口收入。

8.2.3 在以工促农、以城带乡机制下城乡（人口）共荣发展

就四川省而言，快速城镇化区域不同于优化区和积极稳妥区，它是"两化重点"区域，城镇化和工业化有一定的基础，城镇化和工业化同步推进有一定的优势，而且也是产业承接、劳动力梯度转移的主体区域[3]，劳动力自由流动。但该区域不能因为要加速城镇化进程而走传统的城镇化道路和模式，必须兼顾农村发展，做到在以工促农、以城带乡机制下，缩小城乡差距。如果城乡差距在不断缩小，就会吸引更多人口来到农村发展而不是积聚在城市忍受那些不公平。以工促农、以城带乡机制是四川省快速城镇化区域解决农村人口发展问题未来着力突破的方向。

8.2.4 案例分析：南充市现代农业示范区引领下的农村人口发展模式

南充地处四川盆地东北部、嘉陵江中游，辖区面积 1.25 万平方千米，总人口 752 万，是四川省典型的丘区农业大市。2010 年 8 月南充市被农业部认定为国家现代农业示范区，是全国首批 51 个示范区中唯一跨区（县）的一个示范区，即以顺庆区、高坪区、嘉陵、西充县"三区一县"为一体的示范区。该示范区的核心区包含三区一县的 31 个乡镇、478 个村，辖区面积 488km^2，农业人口 45.8 万人。

南充以国字号现代农业示范区为契机，紧紧围绕"现代农业生产与新型农业产业培育的样板区、农业科技成果和现代农业装备应用的展示区、农业功能拓展的先行区和农民接受新知识新技术的培训基地"的总体思路，坚持现代农业的体制机制创新，坚持"整合资源、多方参与、长效发展"原则，积极探索适合丘区现代农业发展可复制、能推广的示范区建设管理新模式；坚持"农民的园区农民建、农民的事情农民干"的原则，对园区道路、渠系等基础设施统一规划，在尊

重农民意愿的基础上由村级组织、专合组织或龙头企业建设。

经过努力探索，到 2012 年，示范区主要发展蔬菜、水果、粮食、畜禽四大产业，种植蔬菜 12 万亩(含复种)，产量 54 万吨，产值 10 亿元；种植柑橘等水果 6 万亩，产量 9.6 万吨，产值 2.1 亿元；年种植粮食 49.3 万亩(含复种)，粮食产量 57.9 万吨，产值 17.28 亿元。养殖业以生猪养殖为主，年出栏生猪 65 万头，产值 13 亿元。示范区生产总值 156 亿元，农业总产值 62.5 亿元，农业在三次产业中的比重为 40%。示范区财政总收入 19530 万元，年度农业投入 380100 万元。示范区人均纯收入达 9200 元。

为了具体分析南充国家现代农业示范区典型农业、农村及农村人口发展模式，课题组实地考察了南充顺庆典型的模式——"大林模式"。

1. 大林模式运作机制

南充市顺庆区大林模式是以农民产业园为载体，由农民、企业、协会(合作社)、金融、政府合理发展产业的"五方合一"发展新模式。即政府引导、农民主体、龙头带动、金融支持、协会组织的运行机制。有效破解了丘陵地区农民发展产业无胆量、无经验、无资金、无技术、无市场的难题，促进了传统农业向现代农业、传统农民向现代农民、落后农村向富裕新村的转变。

(1)政府引导。主要是搞好规划和基础设施建设，协调解决资金，协调流转土地，当好龙头企业、业主和农民的"红娘"。

(2)农民自主。农民自建园区、自筹资金，多干多得，充分调动其积极性。

(3)龙头带动。龙头企业领园发展，园区成为龙头企业的生产车间。

(4)金融支持。政府出资成立农村小额信贷担保公司，由担保公司和金融机构建立一套风险规避机制，为发展产业的农户提供 10 万元以内的担保贷款。

(5)协会组织。在产业园区成立专业合作社，由合作社组织建立风险基金，在市场低迷时补助农户，保障农户发展产业无风险。

大林模式的运作机制如图 8.4 所示，大林模式运作机制的关键是资金和龙头企业的入驻。众所周知，资金是农业产业发展的瓶颈。如何化解农业产业发展资金短缺的难题？顺庆区政府拿出 500 万元成立了小额信贷担保公司，为全区新农村建设中发展产业的农户贷款担保，以放大 3~5 倍的比例进行放贷，并确定农户最高可贷款 10 万元。政府出资为农民贷款进行为期两年的贴息支持，同时制定严密的还款计划。这一机制撬动了资金的放大效应，引来了企业和农民的积极投入。背靠龙头企业这棵大树，农民依托产业园区所获得的收入成倍增长。现在，园区养殖户每个劳动力一年就能轻松养殖蛋鸡 3000 只以上，出栏生猪上千头，一个农户可以培育出食用菌 10 万袋，每户年均收入 5 万元以上。

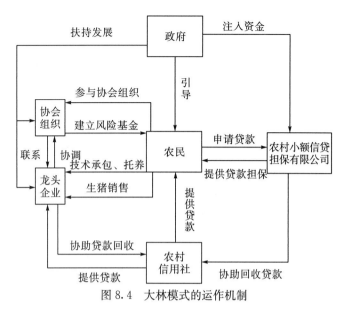

图 8.4 大林模式的运作机制

2. 大林模式下的具体案例——绿科禽业

1)绿科禽业构架机制

绿科禽业以"创建西南地区健康蛋第一品牌"为目标、以"带动顺庆蛋鸡产业发展,带动入园农民增收致富"为己任,向农民提供优质鸡苗、饲料供给和技术指导服务,并以保护价回收产品,带动农民建场建园养殖蛋鸡。百万蛋鸡园区大力地促进顺庆区金台、共兴、大林、芦溪、双桥及西充县多扶等乡镇发展蛋鸡产业,可带动农户 1000 户以上,实现户均增收 4 万元以上。绿科禽业企业架构图示和绿科禽业惠农机制图示分别如图 8.5 和图 8.6 所示。

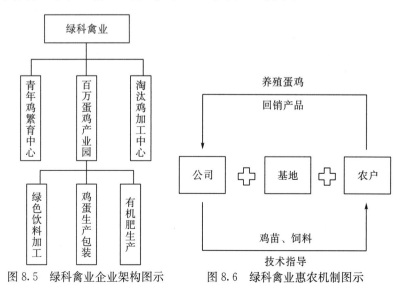

图 8.5 绿科禽业企业架构图示   图 8.6 绿科禽业惠农机制图示

2)绿科禽业科技产业体系

绿科禽业依托北京农业大学、四川农业大学等高等院校和科研机构的技术支持，拥有行业领先的科研开发能力。其中百万蛋鸡园区养殖北京农业大学育成的新品种"农大三号"节粮蛋鸡，采用蛋鸡自动化养殖技术和节能清洁化生产技术，实现蛋鸡生态化养殖，确保蛋鸡生长环境无污染，绿色饲料喂养，生产健康无公害优质产品。百万蛋鸡产业园区引进国内最先进的八层层叠式蛋鸡自动化生产系统，配套了自动化喂料、饮水、集蛋、除粪等先进设备，鸡舍内温度、湿度、通风均自动控制，实现 100 万羽超大规模蛋鸡集中化养殖，与普通蛋鸡养殖设备相比，提高生产效益 5 倍，节约养殖用地 60%，节约人工成本，降低饲料消耗 5%，减少粪污量 30%。绿科禽业综合养殖体系如图 8.7 所示。

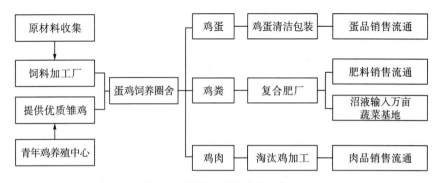

图 8.7　绿科禽业综合养殖体系

3. 高技能型人才引进与发展——大学生创业园区

顺庆区把促进高校毕业生创业和就业工作列入重要工作日程，采取"政府搭台、产业引导、创业发展、辐射带动"的工作方针，通过资金扶持、项目支撑、优化创业环境、搭建创业平台和开展创业指导培训等措施，力促高校毕业生实现创业和就业，并取得显著成效。目前大学生现代农业创业园区占地 570 亩，各种大棚 1100 余个，年产值达到 1200 余万元。该园区带头人程小波先后被共青团中央、农业部评为第七届"全国农村青年致富带头人"、2009 年度全省"优秀人才示范岗"、南充市顺庆区科技拔尖人才。

顺庆区大学生创业园——南充农望农业开发有限公司，在顺庆区委、区政府和人社及相关部门的大力支持和扶植下，整个创业园区呈现出"地成方、渠成网、路成框"的新景象，公司已经发展成为占地面积 570 亩，建有标准化钢架大棚 1160 余个，集蔬菜生产、销售和技术服务"三位一体"的现代化农业公司，公司年产值达到 1200 余万元。

园区引进台湾碧秀苦瓜、法国樱桃萝卜、水果黄瓜、樱桃番茄、东升南瓜等十几个瓜、果、蔬菜品种，深受市场的青睐。目前公司走"企业＋专合组织＋农户"发展经营模式,带动附近三个乡镇、28 个村社的 3000 多户群众,种植新红椒 3000 余亩,二荆条 2000 余亩,蜜本南瓜 3000 余亩。这些新优品种的效益优势凸显,仅蔬菜一项,户均增收 3000 余元。

近期在政府的支持下,已建智能化温室,打造现代农业高端展示平台。该园区多次接受中央、省、市领导视察和调研,并得到各级领导的肯定。

4. 新农村建设——新农村综合体示范项目

搬罾镇青山湖新农村综合体是顺庆区 2012 年实施的农业农村综合示范区重点建设项目。按照"前庭后院、生态田园、自然风光、产村相融"的定位高规格规划建成。在建设中,创建了"政府引导、农民主体、部门配合、社会参与"的工作机制,重点突出农民人居环境的改善和产业增收致富。

基础设施配套完善。完成了聚居点农房建设近 300 户,建成了高标准农田 8360 亩、道路 26km、蓄水池 53 口、渠系 54.6km,修建完善了村卫生室、村政务代办点、村级活动室、村文体中心、便民超市、敬老院等公共服务体系。

主导产业支撑有力。按照"产村相融、宜居宜业"要求,依托新农村综合体,坚持"公司+基地+农户"的产业发展模式,带动农户连片规模发展蔬菜基地上万亩,使农民人均增收大幅度上升。

一、三产业互动发展。依托青山湖新农村综合体,打造 10 万平方米生态湿地,建成城区市民休闲、观光、体验一体的观光农业,实现一、三产业互动,推动乡村旅游快速发展。

8.2.5　案例分析:巴中市恩阳区农业"产村相融,精准扶贫"的发展模式

1. 巴中市恩阳区概况

恩阳区地处大巴山区南麓,全区辖 24 个乡镇,62 万人口,农业人口 54 万人,耕地面积 35.9 万亩,农民人均耕地不足 0.7 亩。新区成立以来,立足山多地少、农业人口比重大、种植结构单一的实际,把发展农业产业化作为调整和优化农业、农村经济结构的重大举措,作为农民增收和富民兴区的重点工程来抓,积极推进农业产业化经营,挖掘农业内部增收潜力,着力培育龙头企业和专业市场,农业产业化经营取得了显著成效。

2. 农业发展运作机制——以土地流转盘活农村土地资源

恩阳区积极探索土地入股、入社(土地股份合作社)、租赁、大户经营等多种

模式，不断完善利益联结，积极培育新型经营主体，切实增加农民财产性收入。按照"多点连线、产业成片、集约经营、综合提升"的思路，确定规模连片发展芦笋、川明参、银杏三大主导产业，适度发展葡萄、猕猴桃等特色产业，采取"业主＋园区＋基地＋院校"、"企业＋专合组织＋基地"等发展方式，大力促进特色产业基地建设。

(1)恩阳土地流转模式有 4 种，如图 8.8 所示。"农户返租、产值分成"模式。下八庙镇钱库村组建土地合作社，实行土地整村流转，规模经营猕猴桃，探索出了一条"政府引导、企业主导、农户返租、产值分成"的模式发展产业。政府整合项目资金，加大土地、道路、水利等基础设施建设，搭建招商引资平台。农民将土地经营权流转到土地合作社，合作社统一流转给四川天恩生态农业发展有限公司，农民每年收取土地租金。

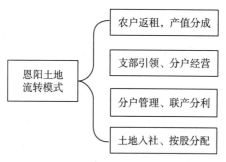

图 8.8　恩阳土地流转模式

(2)"支部引领、分户经营"模式。关公乡西南村以"狠抓产业发展、建设幸福美丽新村"为目标，大胆探索土地流转新模式，积极盘活农村资产资源，大力发展葡萄特色产业，走出了一条"支部主导、干部示范、专合引领、分户经营"的发展之路。该村把合作社建在支部，带动农户发展，实行"五统五管"制度(统一规划布局、技术指导、种苗提供、农资购置、收购销售农户滞销果品和管技术、管物资、管质量、管安全、管销售)，采取自主经营、加盟经营和租赁经营等多种方式分户经营。

(3)"土地入社、按股分配"模式。渔溪镇五岭村依托渔溪中药材农民专业合作社，探索出了一条"土地入社、集约经营、农户参与、按股分配"的土地流转模式。农户依法将土地作为股份入社，股份份额以流转土地亩数确定(1 亩 1 股)，农户作为股东全程参与生产、管理、销售等经营过程。

(4)"分户管理、联产分利"模式。柳林镇红色恩阳现代农业银杏产业园采取"地劳入股、收益保底、分户管理、联产分利"的方式，积极与合作社、农户建立合作发展模式。由艾文博公司实施项目开发运营和保底回收，提供种苗、肥料、农药等物资和技术服务；由种植大户带头成立合作社，联结农户与公司；农户以土地、劳动力入股进行分户管理。

3. 农村发展模式——"集中连片，产村相融"促发展

1)"集中连片"的农业产业化经营

全区实行"集中连片"的农业产业化经营，全区实施重点项目 9 个，其中市级重点项目 7 个(红叶黄连木产业园、巴药基地建设、巴城"菜篮子"工程、万头巴山猪养殖示范基地、生猪产业标准化发展项目、芦笋基地及深加工项目、恩阳现代农业园)；2 个区级重点项目(下八庙镇猕猴桃产业园、高标准农田建设)。

全区建成各类涉农龙头企业 5 家。其中引进重庆安碧捷公司在全区建设 5 万亩，产出量达 5 万吨芦笋基地及深加工；引进四川胜泽源农业投资有限公司，在恩阳镇高店子村投资建设红叶黄连木产业园；引进巴中秦川生态牧业有限责任公司，在下八庙镇普济宫村投资建设现代猕猴桃产业园 1500 亩；引进四川时代骄龙酒业有限公司，在柳林镇罐子沟村投资建设莲藕产业示范园 150 亩。全区已初步发展为具有较强带动作用的龙头企业。

2)"产村相融"的农业发展创新模式

恩阳区发展下八庙镇钱库猕猴桃专业村、石城乡清洲蔬菜专业村、渔溪镇三清庙芦笋专业村、关公乡西南葡萄专业村、青木镇鹿台山花卉苗木专业村等一批特色产业村，成立恩阳镇新石村新种养专业合作社、三星乡双柏村群力生态养殖专业合作社、上八庙镇登文村民强畜禽养殖专业合作社。目前，全区基本形成银杏、猕猴桃、葡萄、芦笋、莲藕、紫薯、巴山土猪、川明参、中药材、蔬菜等十大特色产业基地。建成林业特色产业基地 16.4 万亩(其中核桃 2.4 万亩，银杏 3 万亩，以香樟、桤木为主的木质原料林 10 万亩，以木瓜为主的木本药材 1 万亩)。

3)"特色农业"主导的乡村旅游业

建成"成巴线第一新型社区"。以柳林镇为点，以点带面，将恩阳区打造成全国最大的银杏生产加工基地和四川省乡村旅游示范基地，让恩阳区成为全市及周边省市区域重要的旅游目的地和家庭休闲、朋友聚会、商务会展、探寻美食、旅游购物的首选之地。以发展乡村旅游为切入点，将巴山新居、银杏产业和有机农业相结合，建成了"红色巴州"现代农业银杏产业乡村旅游观光园。

按照"产业助农、旅游富农"的发展思路，围绕"一环线、三组团、六特色"总体布局，着力打造钱库村、凤凰包村、安居村、观音庵村、石桥村乡村旅游一环线，以猕猴桃、田藕、紫薯产业园区为核心的品牌旅游三组团，以农事采摘、乡村垂钓、特色烧烤、作坊体验、体能训练、莲藕美食等六大乡村旅游系列活动，形成四季有花开、四季有看点、四季能体验、四季尝美味的乡村旅游示范区。

4. 农民发展模式——"统筹城乡、全域扶贫、'1+6'精准扶贫"模式

1)统筹城乡,全域扶贫农村建设发展

恩阳区坚持顶层设计、全域规划理念,依托交通、自然、生态、绿色等资源优势,打破行政区域界限,将观音井镇观音庵村、下八庙镇钱库村、凤凰包村、安居村4个村连片发展,全力打造全区城乡统筹示范片,创新全域城镇化发展。

科学规划,合理布局,进行自然组团,穿插布局"微田园",体现农村特色、川北民居特征、民俗特点和农耕文化。

凤凰包村位于下八庙镇东北面,辖区面积2.6km²,辖6个村民小组,346户,共1037人,劳动力667人(其中外出劳动力423人),耕地面积1150亩,退耕还林51.4亩,全村有5条社道公路约15km。2014年农民人均收入7056元。2014年,该村被纳入下八庙镇城乡统筹示范片后,采取"六统一主三参与"机制(政府统一流转土地、统一规划、统一基础设施建设、统一住房建设补助标准、统一组织建设、统筹产业发展;农民为新居住房投资主体;参与规划讨论、参与基础设施建设、参与工程建设监督管理),突出抓好巴山新居建设。全村规划建设150套,目前已建房屋106套,其中单体民房48套、小高层3幢28套、廉租房3幢30套,硬化道路5.5km,整治病塘库4口。同时引进四川天恩生态农业旅游发展有限公司,发展猕猴桃产业702亩。

2)"1+6"精准扶贫创新发展模式

柳林镇玉金村在实施"1+6"连片扶贫中探索出了"四子法"的经验,"强班子、找路子、创牌子、数票子"。"强班子"即加强基层组织建设,强化党员模范作用;"找路子"即积极引进业主,发展产业,现已引进6家业主,建立了4家专合组织;"创牌子"即打造"4张牌子"(金香果蔬牌、"巴山一号"土鸡牌、千簪湖生态养殖牌、乡村旅游牌);"数票子"即该村农民人均纯收入由连片扶贫实施前的4030元增长到2014年底的7266元(图8.9),贫困人口由108户468人减少到2014年底的15户64人,减贫率达86.3%。精准帮扶,对因病造成的贫困户实行大病救助;对因学造成的贫困户实现金秋助学、雨露计划;对无技能造成的贫困户实行种植业、养殖业的专业技能培训等。

贫困户动态管理机制。一是建立贫困户常态化的进退机制,经贫困户自愿申请,村两委商议初定,全体村民(代表)讨论评定,镇政府审查复定上报,区人民政府复查终定的程序,进行贫困户信息动态管理。同时,定期检测贫困户、收入变化、发展动态等情况,返贫则入,脱贫则出。二是对贫困户的帮扶状况实行动态管理,详细记录每个贫困户帮扶的家庭情况、帮扶计划、帮扶措施、帮扶成效。

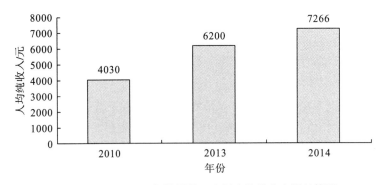

图 8.9　2010~2014 年柳林镇玉金村人均纯收入增长情况

8.3　新型城镇化一般推进地区农村(人口)发展模式——高原山地模式

四川省新型城镇化稳妥推进区经济社会发展相对落后,工农业基础比较薄弱,自然环境条件约束较大,该区域内的农村人口问题更为棘手,特别是其农村人口类型基本为留守人群,优质人口大部分流动到城市,市场化的方法难以解决其农村及农村人口发展问题,必须以政府导向为主,采取福利主义的思路[5],要以新农村建设为重点吸引优质劳动力,特别注重维系农村留守人群权益,构建新型农村劳动力与政府助推双轮驱动的人口发展模式。

8.3.1　新农村建设"拉力"下的人口红利再分配模式

新农村建设对于偏远地区农村改善生活、生产环境而带来的边际效用要大于条件优越的区域,所以政府对落后地区的新农村建设要更加重视,绝不能因为新一轮城镇化的大环境而再一次滞后农村发展。以新农村建设为基础,吸引优质劳动力回农村就业、创业,防止农村劳动力结构断层,实现人口红利再分配。一方面,外流的优质劳动力许多从事建筑类职业,而新农村建设同样需要大量的建筑类劳动力,要以新农村建设为契机,吸引优质劳动力回乡就业;另一方面,外出务工人员在中心城市的工作过程中,学到部分大型企业的管理方法和知识技能,并且积累一定的原始资本,为回乡创业打下了基础。政府应放宽创业政策,增加对新型农业的科技培训和创业培训,金融部门应提供贴息贷款、放宽金融政策,引导优质劳动力回乡创业。

8.3.2　惠及农村留守人口利益的专项工程模式

农村优质劳动力流失后,农村只剩下老人、妇女、儿童等留守人员,这类农村人口特别脆弱，需要多方位的支持和保障。这就需要完善社会保障和社会福利制度，切断户籍身份与福利待遇之间的联系，短期内建立城乡协调、均衡的福利制度，远期逐步推进统一的"国民福利"体系，特别要实施惠及农村留守人群利益的专项工程。

（1）农村养老专项工程。四川省是农业人口大省，普遍缺乏面向农业从业者的社会保险制度，农村的养老问题就更为严重。必须建立健全管理机构和完善法律体系，为农村社会养老保障事业发展提供法律保障。政府要加大对农村养老体系的投入力度，在农村养老保障的制度设计和财政投入方面采取更加积极的态度和措施，加大宣传，提高农民参保意识。

（2）农村医保专项工程。政府要加大对农村医疗的政策和资金投入。确立农村卫生服务体系和农村合作医疗制度，把各项工作落到实处，合理分配和使用合作医疗基金，加大专项资金投入，加大农村基础设施建设，重点加强农村医疗设施的建设和医护人员的培训，支持乡镇两级卫生机构，利用有限的资源提高使用效率。建立解决农村医疗人才缺乏的长效机制，以优惠政策鼓励医务人员积极下乡，吸引专业技术人员下乡。

（3）农村教育专项工程。按照"城乡一体化"的要求，重组、优化配置公共教育资源；统筹城乡教育布局，促进教育资源的合理分配。教育投资的重点应集中于人口增长较快的农村集镇、小城镇及大中城市的市郊；提升农村教师特别是边远地区教师的工资待遇，逐步缩小与城镇教师的待遇差距。切实保障留守儿童和农民工子女的受教育权；积极吸引外来人才，特别是刚毕业的大学生，促进农村的教育发展。

8.3.3　"弱势群体"人力资源开发模式

人力资源是现代经济发展的最重要资源，然而，我国农村弱势群体的人力资源开发，却往往被政府和学者所忽视。过去那种解决农村弱势群体脱贫问题往往是比较重视直接的物质救助，这种方法的最后结果是治标不治本，以致农村弱势群体的贫困状况代代相传[6]。应将农村弱势群体作为人力资源看待。开发利用适宜"弱势群体"人力资源，发展与农村留守劳动力互补性产业，特别适合农村妇女和老人的产业，使农村产业结构适应留守人力资源现状。以现代农业发展为契机，建立新型的农村合作组织，实现农村劳动力资源合理配置，以新农村建设为载体，创新农村人口管理载体。具体操作上：①积极推进农村成人教育，建立健全农村成人教育发展机制和发展平台，增强农村成人教育的；②统筹农村职业教育资源，注重引导农村职教设置农村经济社会发展所需的专业，实施重点专业建设，培养适合农村的人力资源。

8.3.4　案例分析：广元市青川县山区农业生态有机发展模式

1. 青川县概况

青川县地处四川盆地北部边缘，白龙江下游，川、甘、陕三省结合部。以中山地形为主，兼有低中山、低山、丘陵、台地、谷地、小平坝，境内地势西北高而东南低，最高海拔 3837m，最低海拔 491m，总人口 25 万人，其中农业人口约 22 万人。青川县辖 9 个镇、25 个乡、2 个民族乡、1 个国家级自然保护区。

2. 青川山区有机生长模式的运作框架

山区的资源禀赋相对于平原、丘陵地区而言，可利用种类丰富，存量巨大，人均占有量较高。而目前，由于山区发展水平较低，资金和信息不足，管理营销资源匮乏，导致山区始终处于市场的盲区，在市场经济条件下，处于竞争的不利位置。存量资源由于基础设施缺乏、投资周期长以及利用能力有限，未能体现资源的价值。对于山林、气候、传统特色作物等的异质性资源，其价值开发过程有较高的技术含量，同时价值前景可观。而外部投资方往往由于山区投资回报周期长和资源产权难以界定、政策障碍等，不能进入山区。要实现二者的对接，才能突破发展瓶颈，其本质就是，助推山区资源的市场化，激发农民的创业经营、投资发展资源交易、科教文卫等方面的需求，吸引外部资金、技术和产业的增殖需求，整合平台、包装资源，实现经济要素与市场流通的有机结合。综合起来为以下几方面内容。

(1)规划引领，助推优势资源入市。

(2)平台搭建，特色企业扎根。

(3)政策扶持，创业遍地开花。

(4)科技推动，产业壮大升级。

3. 青川县山区农村经济有机生长的发展模式运作机制

紧紧抓住"市场"这个经济发展的配置引擎，以山区经济要素市场形成为发展依托，以外部资金技术引进为动力，以优势资源包装入市为突破，以农民创业经营为主体，达到产业发展的良性循环。青川县山区农村经济运作机制如图 8.10 所示，其有机生长的发展脉络如下。

(1)资源与需求的对接。山区的开发离不开环境保护和有效利用这两个问题。长期以来，山区资源开发粗放，生态环境破坏严重，产出较低，从而导致山区资源破坏与贫化的恶性循环。突出开发重点与保护生态实际上是一对相辅相成的命题。政府规划在先，才能引领开发，将开发的需求集中到重点资源上来，才能形成集约效用和经济优势。

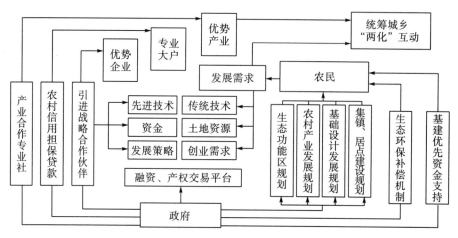

图 8.10 青川县山区农村经济运作机制

（2）要素市场的障碍突破。山区的资源开发多为林业种植，投入大、周期长，而国家的林业政策、产权政策等对山林的开发具有较强的限制和约束。政府在规划的基础上，能否为重点开发地区松绑解套，成为资源进入流通交易的关键。山区的道路和基础设施对于可开发利用性影响较大，对于重点开发地区，政府能否筹措资金，改善基础设施状况，也成为资源入市的一个重要筹码。资源能集中利用，能否协调组织产权关系，对于简化入市手续，提高流通效率十分关键。

（3）发展需求的激发。发展需求的激发是一个逐层递进的发展过程。在发展初期，区域经济发展需求仅限于资金和产品市场，而后逐步增加了更多的信息、管理、技术等方面的需求。对于山区农业的主体—农民而言，其发展需求经历了：资金需求—劳动就业需求—创业需求—发展需求—资源需求—高层次的生活需求，很显然要达到需求与市场配置同步，需要政府的引导和扶持。

（4）产业核心竞争力的驱动。保护自然环境和生态优势，是山区区域经济的核心竞争力。发掘优势自然资源，同时做到保护和开发相结合，才能保持区域产业竞争优势。

（5）以农民为主体，以农民增收创收为主要目标。充分调动农民自身积极性。以特色产业为支持，充分发挥农产品资源的丰富性和特殊性。政府扶持，整合农业资金，协调资金流转，统筹土地流转，加速基础设施建设；持续对口援建与突发事件援建，多方面全方位的对口领域提供支援；龙头企业带动，建园区、做产业，带动区域农业发展。合作组织协调保障，小额贷款提供资金。积极推动贴合实际的新型城镇化发展。力争做到高效、有机、生态的农村发展。

4. 青川县山区农业模式的类型创新机制

(1)农业生态化型。青川县实行"果蔬结合、科技先行、配套发展"的方针，逐步发展生态循环农业。

(2)品牌带动型。青川县加大农产品品牌创建及申报工作力度，截至目前，青川县已拥有中国驰名商标 1 个、省著名商标 4 个、省名牌产品 3 个，七佛贡茶被评为"中华文化名茶"。

(3)资源特色型。充分发挥青川县生猪、小家禽、茶叶、油橄榄、水产品等农产品资源丰富的优势，按照"提升传统产业、发展名优产品、扩大基地规模"的思路，大力调整农业结构，重点建设优质生猪、特色中药材、无公害水产品和山珍等特色产业。

(4)超市需求型(图 8.11)。利用青川县地处成绵经济辐射区的优势区位，采取"大型超市＋特定区域协会＋业主开发＋农民"模式，发展优质、高效、特色产品，并把优质农产品生产与包装、保鲜、物流、运销等产业链条串联起来，形成与超市销售对接的产业化配套机制，打造面向成都、重庆两大市场的农产品配送基地。同时，面向香港和国际市场，增加农产品出口。

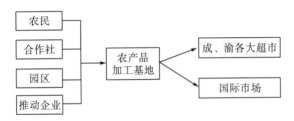

图 8.11 山区农业的超市需求型"生产－加工－消费"链

(5)科技示范型。加大农业新技术推广力度，鼓励农业科研、农技推广机构和人员参与基地建设，提高基地的科技水平；加大品种改良力度，对生猪、茶叶、水产品、粮油等主推优质品种；加大标准化实施力度，将绿色、无公害和标准化生产贯穿基地建设全过程，创建全国无公害养殖县。

(6)企业带动型。鼓励、引导龙头企业采取"龙头企业＋特定区域协会＋业主开发＋农民"模式，自建可控原料基地，力争使企业 60% 以上生产原料来自可控基地。依托凯歌牧业、森林家禽等龙头企业，建立 PIC 种猪扩繁场、土鸡孵化场等良种繁育体系；依托兴汉茶叶等企业，建设有机茶生产基地；依托川珍实业、蓉成制药等龙头企业，建设专用木耳、中药材生产基地。

(7)休闲农业型。突出打造 7 个特色农业观光体验区，发展休闲采摘型、农业观光型、乡土饮食型、体验认知型等休闲农业发展模式。目前，休闲农业示范点达 7 个，现代特色农业示范园区达 6 个，休闲农庄、农家达 110 余家。

参 考 文 献

［1］马先标. 稳健快速推进城市化中的农村富余人口转移——以农户为单位的转移模式新探讨［J］. 经济社会体质比较，2010，(5)：98-104.

［2］曹宗平. 农村剩余劳动力应实施多元化转移［J］. 农村经营管理，2009，(11)：24.

［3］李新平，徐睿. 人口红利、产业承接与农村劳动力就近转移——以成都城乡统筹试验区为背景［J］. 西北人口，2010，31(4)：87-90.

［4］李影. 抓好"五大兴市战略"走出具有成都特色的"两化"互动、统筹城乡的科学发展之路［N］. 成都日报，2012(2).

［5］易文彬. 城乡关系视域下的新农村建设模式［J］. 学术论坛，2011，(6)：115-118.

［6］孟凡军. 农村弱势群体的人力资源开发与管理［J］. 南通大学学报(哲学社会科学版)，2004，20(3)：145-149.

第 9 章　解决新型城镇化进程中农村人口问题的几点政策举措

推进新型城镇化、新农村建设和统筹城乡发展是消除城乡二元结构、促进城乡经济社会发展一体化的基本途径[1]。"十三五"期间，落实中央城镇化工作会议精神[2]，紧紧围绕全面提高城镇化质量，坚持因地制宜、分类指导、依法推进，坚持质量与速度并重，以落实国家"三个1亿人"城镇化工作部署为切入点，扎实推进以人为本的城镇化；以城市群为主体形态，推动大中小城市和小城镇协调发展；以问题导向为出发点，加快转变城镇化发展方式；以综合承载能力为支撑，提升城镇可持续发展水平；以体制机制创新为保障，通过改革释放城镇化发展潜力。

在一系列重大新型城镇化发展举措中，统筹农村人口发展也成为重点，为解决农村人口问题提供了良好的政治、经济环境和难得机遇。扎实细致地促进农村人口发展与社会经济发展的统一和融合的理论和制度建设，是推进新农村建设、发展现代农业的有力抓手。依据本书中我国和四川省农村人口面临的问题，提出一些建议性的政策措施。

9.1　建立多元化劳动力转移模式，实现城乡、区域劳动力均衡

推进农民就近就地就业及就近城镇化，完善以中心城镇转移导向的单一转移模式；大力发展乡镇企业，拓宽农村劳动力转移途径；建立以企业为主体的招工用人机制；积极引导外出务工农民回乡创业；全面加强职业教育培训工作，走新型农村城镇化道路。

9.1.1　城乡劳动力均衡转移

我国经历了典型的城乡二元经济结构发展，主要表现：城市经济以现代化的大工业生产为主，而农村经济以典型的小农经济为主；城市在教育、卫生、交通、通信等方面优于农村；虽然农村人口多于城镇人口，但人均消费水平却很低[3]。

我国存在的城乡二元经济结构在人口上的表现就是城乡居民不公平待遇与城乡劳动力的单向流动转移。城乡居民不公平待遇很容易理解，即农村户籍和城市户籍人口在教育、就业、社保、医保等方面存在巨大的鸿沟；城乡劳动的单向流动转移是指农村的劳动力流向城市，而城市的劳动力鲜有往农村流动，主要表现为进城务工的农民工和农村大学生选择城市就业。实现新型城镇化，消除城乡二元结构所带来的负面影响，需要建立多元化劳动力转移模式。其中最为重要的就是引导优质劳动力前往农村，而这其中的关键是提高农村劳动力的价值，才能吸引劳动力流向和转移到农村。在社会主义新农村建设中，处理好农村剩余劳动力的转移和保证农村基本劳动力需求的关系，是统筹城乡发展、实现城镇农村双赢的重要保证。

9.1.2　区域劳动力均衡转移

劳动力的区域均衡转移，是指在劳动力转移过程中进行引导，使城市和农村、发达区域和欠发达区域劳动力资源得到优化配置的转移模式。就现今劳动力转移状况来说，东部一线城市一方面出现大量民工潮，就业压力逐年上升；一方面出现所谓"民工荒"，高素质和有专业技能的民工供给不足，出现类似"刘易斯拐点"的现象[4]。一线大城市经济发展历史悠久，基础良好，制造业、建筑业和服务业三大农民工集中的行业发达，可以吸收大量的劳动力。但大量农民工进城之后，城市管理复杂、交通拥堵、住房紧张等问题凸显出来。而中小城市发展却由于劳动力不足、资金缺乏和基础建设不足导致发展受限，因此实现区域均衡转移显得非常重要。

实现区域均衡转移，需要推进农民就近就地就业及就近城镇化，调整并完善以中心城镇转移为导向的单一转移模式。如发展乡镇企业，乡镇企业的产业结构调整和升级一直是吸收农村剩余劳动力、实现城乡和谐发展的重要举措。乡镇企业发展和现代化对于改善农民民生、提高农民收入有巨大吸引力。当乡镇企业的福利及其企业文化发展到一定程度，农民工对于大城市的向往和依赖会逐步减轻，转而进入乡镇企业或小城市企业工作。部分掌握技术的高素质农民工可以到中心城镇寻找工作，另一部分则就近城镇化。

企业在劳动力吸收和转移中有重要的导向作用。建立以企业为主体的招工方式，可以实现农民工分流，将农村剩余劳动力资源在中心城市和乡镇之间合理分配，以解决中心城市就业压力和小中城市劳动力短缺问题。在 2008 年国际金融危机后，特别是当前我国经济发展转型期，乡镇企业的发展受到打击，资金难以为继，生产几乎停滞，造成劳动力闲置的问题。国家政策应该支持乡镇企业，然后借此实现吸引劳动力。

再如，积极引导外出务工农民回乡创业。制约乡镇企业发展的因素除国家政策、经济形势之外，还主要体现在管理水平低、知识技能欠缺和资金不足的问题上。外出务工农民工在中心城市的工作过程中，可以学到大型企业的部分管理方法和知识技能，并且积累一定的原始资本，为回乡创业打下了基础。根据不完全统计，平均每一个人成功创业，可带动周围 4 个人成功就业[5]。引导农民工回乡创业，需要乡镇各部门大力支持。首先，政府应当放宽创业政策，如降低土地使用成本使创业者享有更多的资源、对新型农业的科技培训的支持等。再者，金融部门提供贴息贷款，放宽金融政策，为项目合格的农民工提供更多周转资金。最后，政府需要打"亲情牌"，提高和引导农民工的乡土情怀。

9.2　积极推进农村人口家庭城镇化和家庭人口转移

根据人口计生报表统计[6]，四川省 2007~2011 年流动人口总量分别为 981 万、1178 万、1210 万、1468 万、1609 万，数据显示流动人口规模在不断扩大。对 4000 名流动人口进行的调查显示，男性有 2184 人，占总人数的 54.6%，平均年龄 34.4 岁；女性有 1816 人，占总人数的 45.4%，平均年龄 33.1 岁；并且数据显示，流动人口中受教育程度高、职业期望值高、物质和精神享受要求高、工作耐受力低的 80 后人群占了 37.4%，成为流动人口的主要群体；流动人口中，农业户口的人群占 79.6%，非农业户口的人群占 20.3%，初中及以上文化程度的人群占 83.5%，并且已婚人群占 73.1%。他们从农村转移到城市，以务工和经商为主，其目的是改善生活状况，提高生活水平，为子女创造更好的生活学习条件。所以，为了避免相关问题的日趋凸显，应尝试建立以家庭为单位的转移模式，让劳动者同其家庭团聚，促进城镇化发展。

家庭是社会的细胞，如果没有家庭的和谐也就不存在社会的和谐；但在劳动力转移的过程中，劳动者同其家庭之间的分离造成了许多家庭和社会问题。家庭转移不完全性已经成为新型城镇化发展道路上的绊脚石，影响着和谐社会的构建。因此，实现以家庭为单位的劳动力转移是必要的。目前，农村劳动力在城乡之间的非家庭转移存在弊端，以个体转移为主。亿万农民工在两地之间频繁地来回流动，虽然为城市发展贡献了低成本劳动力，但这种以个体为单位的大转移也加剧了城市劳动密集型行业的就业压力，特别是催生了庞大的进城不离乡的候鸟型农民，进而造成农村增加 5800 万留守儿童这样严重的社会问题[7]。同时，非家庭人口转移方式也在城市造成大量的流动人口难以管理的两难问题。正是这种以单个劳动力为单位的农村富余人口转移给城市和乡村都带来诸多负效应，从而演绎了缓慢而不彻底的城市化，而这又使得农业现代化进程、农民收入、城市圈拓展的空间、土地财富和内需的扩张均受到严重阻碍，并最终影响城市化和新农村协调发展。可见，要稳健快速推进城市化，应以农户而不是单个农村劳动力为单位推进富余人口转移。

9.3 以新农村建设为契机，实现劳动力就业、创业方式的农村转向

新农村建设显然存在着就业机会，也存在劳动力非农化和劳动力结构优化机会，可选择性吸收单纯城镇化过程的农民工转化道路，有利于新农村的发展和农民家庭的发展。从新农村建设基本要求的其中两项即生产发展、生活宽裕出发来讲，就是要大力发展农村经济，增加农民收入。新型城镇化主要着眼于小城镇的建设，而小城镇建设的关键是要发展小城镇的经济。由此可以看出，新农村建设和新型城镇化可以在繁荣小城镇经济、发展小城镇产业这个点统一起来。

在经济转型发展、农民工回流、新农村建设等大背景下，实现农村劳动力的本地化或农村转向需要政府布局好几个就业、创业方面的举措。

(1)加快建立覆盖省、市、县、乡四级联动的回乡创业服务平台。现在是全民创业高峰期，农村创业的潜力非常大。良好的环境是吸引和推动外出劳动力回乡创业的重要条件。同时各级政府要充分认识到吸引农民回乡创业的重要意义，在营造良好的社会环境的同时，尽快出台相关的优惠政策，如税费减免、人员招聘、资金信贷、土地安排、子女入学等一系列问题。为回乡创业人员提供创业信息、创业咨询、创业策划以及财税、法律、劳保、外贸等代理等服务。

(2)建立外出务工人员回乡创业的金融服务体系。外出人员在外务工，收入偏低，回乡创业资金缺口大、融资渠道狭窄已成为制约劳动力回乡创业的瓶颈。因此，要进一步拓展劳动力回乡创业的融资渠道，制定招商引资的各项优惠政策，促进劳动力回乡创业的领域从以小商铺、小摊点等个体经营向个体经营、合作组织与中小企业等多种类型相结合转变，培育新型农业生产经营主体。县乡政府要积极响应国家的政策号召，为创业农民提供一些财政支持或贷款帮扶。

(3)建立多元化的农村劳动力培训机制和服务平台。农民工文化水平低，缺乏技术，给回乡创业造成了很大的阻力。所以根据本地区农村经济社会发展的需要，各地农村经济社会发展的重点领域和关键环节，针对性地对农村劳动力进行科学文化知识的普及和技术技能培训。政府还要专门建立一个农民工创业咨询平台，来解决在创业中遇到的一些困难和问题，并对创业者提供技术指导，从而提高农民工创业的成功率。

(4)政府应该加大县乡基础设施的资金投入。尤其是要保障对农业的资金投入和农业、农民的补贴，加大对农田改造、供水、电、道路等基础设施的建设。从而为回乡创业者提供一个良好的发展环境。大多农民工主要通过电视来了解创

业信息，信息渠道单一，也阻碍了农民工创业的步伐。政府必须大力推动地区信息化建设，完善信息服务体系，尤其是村镇的信息化建设更为急迫。与此同时，利用地区优势资源来发展特色产业，也是吸引外出劳动者回乡创业的途径，最终实现劳动力的就业转移。

9.4　完善土地制度、发展现代农业、提高农民收入

9.4.1　城镇化过程中农民土地利益的权益保障

我国城镇化过程中一个明显的特征是土地的征用，其中农村土地被征用农民却未得到确实的保障的案例很多，所以也形成了农村另外一个特殊群体：失地农民群体。农民失去土地后，应该从农民转变为市民，从干农活到找到新工作。他们的就业渠道目前主要有招工安置、外出务工、个体创业。由于受文化、技能、年龄、资本和政策性因素的限制，部分失地农民就业难度大、渠道窄，而现行制度不能保障被征收生产性用地按地的面积平均解决失地农民的就业，城市、交通等基础设施建设项目也不可能为他们提供大量的就业岗位[8]。一些农民失去了土地这个赖以生存的生产资料和劳动对象，就成为城镇新的失业者，这个群体的规模正随着经济发展的加快而不断扩大。失地农民文化程度不高，缺乏非农就业技能，在就业方面处于劣势地位，目前相当一部分处于失业和半失业状态。土地是农民最重要的财产，被征地农民失去土地后，失去了其赖以生存的基本生活资料，被征地农民丧失土地后的长远生计问题以及未来的发展问题必须切实落实。

9.4.2　现代农业的发展及要素保障

现代农业是解决我国"三农"问题的主要途径之一。可是前面也分析了，四川地区特别是偏远山区发展现代农业存在极大困境，因此，四川省发展现代农业需要精准找到问题所在，而非现代农业本身。具体来说，四川省发展现代农业需要做到以下两点。

(1)四川省大部分是丘陵和山地，不适合大型农场的规模化生产和大型机械的耕种，但是农业物种资源丰富，适合特色农业的发展。应该利用丘陵和山地的优势，推进山地丘陵畜牧业和草食畜牧业发展，并引进先进的科学技术和机械来进行规模生产、加工、销售相结合的一条龙服务，突出发展优势特色农产品。相反，在四川盆地地形区，地势平坦，可以采用大型的机械，对大片农田进行规模耕种，并引进良种和种植技术，从而增加农产品的单产量，提高生产效率，实现

农业高产、优质、高效、生态、安全的特点。

(2)发展现代农业需要知识和技术的支撑，然而四川省目前留守在农村的主要是老人、妇女、小孩。这一群体根本无法应用先进的生产技术去完成农业生产方式的转变和产业结构的调整工作。反而阻碍了现代农业发展的速度。政府要大力发展乡镇企业，改善农村基础设施，提出支农惠农政策，吸引有为青年回乡创业，这样不仅可以缓解城市人口超载所带来的负面效应，而且稳固了农业的基础地位，促进了农村经济的发展。而对于已经开始创业的农民，政府要给予资金和技术上的帮助，并且对创业农民进行技术培训。通过发展现代农业来缩小城乡之间的差距，促进城乡经济共同发展。

9.5　实施惠及农村留守人群利益的工程

留守人群是伴随着农村人口的转移而产生的一个群体。能否妥善安排和解决好这一群体的生活问题、子女的教育问题、医疗问题和安全问题，关系到农村劳动力的健康有序转移和农村的安定[9]。因此，留守人口的问题应该引起政府和社会的广泛关注。只有解决了这一系列的问题，才能够促进农村经济的快速发展，实现城乡和区域间均衡发展。

9.5.1　建设公平的城乡教育体系

2011年7月中共中央、国务院印发了《国家中长期教育改革和发展规划纲要(2010~2020年)》，提出了"优先发展、育人为本、改革创新、促进公平、提高质量"的工作方针，明确阐述了实现教育公平对构建和谐社会的重大意义。教育公平对个人来说，它关系着一个人未来的发展方向，对整个社会来说，它影响着社会的公平和正义，影响着和谐社会的构建和社会的安定。所以教育公平问题才受到了社会各界的广泛关注。然而解决这一问题，不是一蹴而就的事情，它需要社会各界的长期帮助和支持，才能够实现城乡间、区域间教育的均衡发展。

(1)大力发展农村经济，缩小城乡差距。农村教育不公平问题，是由城乡经济发展悬殊、城乡差距过大所造成的，只有让农村快速走向富裕，农村环境得到改善，才能够吸引人才、留住人才，才能提高农村地区教师的教育教学能力。因此，可以通过创办乡镇企业，发展现代农业，来发展农村经济，增加农民收入，来进一步缩小城乡差距，只有这样才能吸引更多的城镇教师深入农村，进行帮教、对口支援，使城乡教师之间进行有效的交流。同时，农村还应该定期地选派教师外出学习、进修、培训。通过这些方式与途径，逐渐地缩小城乡之间基础教育的巨大差距，确保农村孩子能有同等的机会接受教育。

（2）合理配置教育资源，促进教育公平全面发展。政府应该向教育基础薄弱的农村贫困地区加大财政支援和投入力度，配备师资力量，加强农村教师队伍建设、完善教育基础设施，提高农村教学水平，提升农村教师特别是边远地区教师的工资待遇，逐步缩小与城镇教师的待遇差距，着力解决他们工作生活中的困难与问题。尽可能从资金、师资、设施等方面，给条件较差的学校特别是农村学校以必要的重点扶持，抓好薄弱中小学的改造工作，缩短并力争消灭城乡教育之间不平等的硬件差距。同时，还要积极吸引外来人才，特别是刚毕业的大学生。对他们要热情支持，积极鼓励，从而促进农村的教育发展。

（3）切实保障外出农民工子女的受教育权。在城市中设立流动人口子女学校，在农村中应根据本地实际情况，合理调整学校布局，加大寄宿制中心学校建设，让留守儿童尽量住在学校。政府应合理分担流动和留守儿童的教育成本，取消所谓的借读费和择校费。彻底解决农民工子女上学难问题。

（4）各方面相互配合，解决农村儿童的教育问题。大力发展乡镇企业，吸引一部分农民工回乡创业和就地就业，从而减少留守儿童数量。积极开展形式多样的爱心活动，完善监护人制度，使留守儿童得到有益的家庭教育。当地的村民委员会或学校要给予农村留守儿童更多的帮助。形成全社会都关心和爱护农村留守儿童的良好氛围。

9.5.2　建设完善的养老体系

近几年，随着人口的老龄化，养老问题已引起了国内外社会的广泛关注，由于城镇化水平的加快，以城镇为重点不断加强社会养老保障力度，不断扩大其覆盖面，使保障水平不断提高。然而广大的农村人口养老保障却面临着巨大困境，严重阻碍了农村经济的改革与发展，成为解决"三农"问题的瓶颈。尤其是四川这个人口大省，农村的养老问题就更为严重。随着城市化的进程加快，农村劳动力外流，造成弱势群体数量大增，相当数量的老人得不到家人很好的照顾，以及医疗、保健和精神慰藉，甚至还有疏远淡漠老人、残害老人等现象的发生。其原因主要是，家庭养老观念、养老意识淡化，社会压力使得子女无暇顾及老人，农村社会保障管理平台的不完善，政府对农村的养老投入不健全，没有加大对养老保障的宣传，使农民没有参保意识，没有从"养儿防老"、土地养老等观念中转变过来。而建立农村养老保障体系，不仅是社会公平的体现，而且是全体国民在社会保障这一国家福利方面处于平等地位的有效证明。同时，也利于缩小城乡差距，维护农村社会稳定与和谐发展，为社会主义新农村实现"生产发展、生活宽裕、乡风文明"提供了必要的支撑，化解农村社会中的各种矛盾。并且，从经济和道德伦理上减轻农村人口在养老方面的双重压力，为农村劳动力转移、促使农民向市民的转化创造条件。

农村社会养老保险的开展要与经济发展水平相适应，目前，四川省农村经济发展缓慢，从而阻碍了养老体系的完善，从国外农村社会养老保险的发展过程来看，只有快速发展农村经济，在工业反哺农业时期，全面推出真正面向农业从业者的社会保险制度。随着社会变革，养老服务不仅仅是家庭的义务，更是政府和社会的责任。

(1)必须建立健全管理机构和完善法律体系，为农村社会养老保障事业发展提供法律保障。社会保障制度最主要的特征是国家立法，法律制度的欠缺给发展农村社会养老保障事业带来一系列的问题。建立和完善农村社会养老保障制度，可以进一步提高农村社会养老保障水平，逐步缩小城乡差距。政府要不断增加农村社会养老保障投入，加强对农村社保资金的管理和监督。国家应加强立法，为完善农村养老保障体系创造良好的制度环境。

(2)政府要加大对农村养老体系的投入力度。我国政府对农村社会养老保险缺乏足够的重视，尤其是资金投入。因此，政府必须在农村养老保障的制度设计和财政投入方面采取更加积极的态度和措施。完善农村社会养老保险基本政策，减少相关政策之间的摩擦成本；政府要加大投入，为农村社会养老保险事业的发展提供资金支持；加强管理监督，提高农村养老保障机构的组织服务能力及办事效率。

(3)加大宣传，提高农民参保意识。我国农村长期以来一直是依靠传统"孝"文化影响和道德约束来进行养老，所以应该进行大力宣传，提高农民的参保意识，让农民可以通过自愿缴纳养老保险等方式，来为自己的晚年创造好的条件，这样不仅可以完善农村的养老体系，也可以减轻老人给子女带来的负担。还要加快发展农村经济，提高农民生活水平，保障农村留守老人的物质生活和精神生活，最终解决农村的养老问题，构建和谐社会。

9.5.3　建设合理的医疗保险体系

医疗保险制度一直保障着群众健康，作为社会保障体系的重要组成部分，历来受到国内外政府的重视。目前我国农村的医疗保险，最主要的就是合作医疗和医疗保险。农村合作医疗制度是由政府支持，农民群众与农村经济组织共同筹资，在医疗上实行互助互济的一种具有医疗保险性质的农村健康保障制度。即农民每年交一定数额的合作医疗资金，集体与政府投入一部分，共同形成专项基金，这样农民在就医时可按一定比例报销医药费。医疗保险具有社会保险和商业保险的双重性质，其中前者是作为基本保障，后者是作为一种补充。但是在广大农村地区主要以合作医疗为主[10]。

目前,四川省农村由于受自然、经济等条件的制约,经济发展缓慢,农民收入低下,政府对农村医疗的投入小,农村基础设施落后,城乡之间医疗保健资源分配不均匀,卫生资源配置不合理,农村卫生人员多半没有参加过正规的培训,大都是村卫生室或个体乡村医生,使农村医疗保险存在很多问题。同时,青年劳动力进城也使农村的留守人群无人照顾,尤其是留守老人,生活困难,没钱看病。虽然农民收入也在不断增长,政府也在解决农民看病难的问题,但是,城乡收入差距越来越大,农村的医疗体系依然不完善,严重影响着农村经济的发展,阻碍着社会主义新农村的建设和和谐社会的构建。

(1)政府要加大对农村医疗的政策和资金投入。确立农村卫生服务体系和农村合作医疗制度,把各项工作落到实处,合理分配和使用合作医疗基金,加大专项资金投入,加大农村基础设施建设,重点加强农村医疗设施的建设和医护人员的培训,支持乡镇两级卫生机构,利用有限的资源提高效率。使医疗服务真正做到便民、利民、取信于民,促进农村医疗工作的健康发展。

(2)建立解决农村医疗人才缺乏的长效机制,不断鼓励医务人员积极下乡,吸引专业技术人员下乡,同时还应该组织医生定期下乡,免费为农民治病,在一定程度上缓解农民看病难、看病贵的问题。综上所述,解决农村卫生人才问题还必须靠政府组织、支持,并建立长效机制才能够进一步完善农村的医疗体系。

医疗保险是社会进步、生产发展的必然结果。医疗体系的完善,不仅可以促进社会的进步、生产的发展,而且还可以解除劳动者的后顾之忧(就医费用难以支付),使其安心工作,从而提高劳动生产率,促进农村经济快速发展;同时,也有利于维护社会安定,调整社会关系和调解社会矛盾,促进社会文明和进步。

9.6　构建维护农村留守人群权益的网络

关心、关注、关爱留守人群,维护他们正当合法权益,是构建和谐社会的问题中应有之义。一是构建社会援助网络;二是构建治安防范网络;三是构建矛盾调解网络。留守人群处于社会的弱势地位,是各种社会矛盾以及家庭矛盾中最容易受侵害的群体,目前在留守人群中因矛盾纠纷导致民转刑案件时有发生。因此,要从维护留守人群切身利益出发,在深化人民调解工作的基础上,有效整合人民调解、行政调解、司法调解、信访调解等多方面的资源,以乡镇综治办为龙头,以村治调委员会为依托,以司法所、派出所、法庭、信访等部门人员和部分老干部、老党员、老教师、老模范为骨干调解员,把矛盾调处的关口前移,积极化解留守人群中的各种矛盾纠纷,努力将矛盾纠纷化解在萌芽状态,从而形成纵向到底、横向到边、上下贯通、左右协调的矛盾纠纷综治大调解网络,最大程度维护留守人群的根本利益。

9.6.1　构建社会援助网络

有益于农村留守人群权益的社会援助包括：物质援助、精神援助两大类。农村留守人群一般由老人、妇女、孩子构成，所以，对于这类人群的援助应该综合考虑。农村老人大多体弱多病，因此，疾病的折磨是他们最大的问题，针对此问题应建立对农村老人身体健康状况进行定期检查的体系，针对农村老人大病就医，政府应该加强健康保险体系建设，完备相关制度，还有政府也应该给予这些留守老人一定的生活资助，以减轻农村家庭的负担；农村妇女同样也存在好多病痛的困扰，由于家庭缺乏主要劳动力（男性青年劳动力外出打工），农活繁重、医疗卫生条件差，农村人"小病不就医"的思想，致使好多农村妇女患有严重的妇科疾病，所以，也有必要为农村妇女建立相应的身体健康状况定期检查和大病就医补助的援助体系，并且社会也要给予他们更多的关心和帮助；对于农村孩子主要应是精神层面的援助，因为，农村留守老人及妇女一般知识层次较低，以及家务农活繁重无太多闲暇时间顾及孩子的教育等问题，导致好些孩子学习退步，并染上不良习气，更有甚者可能由于缺乏家长的关爱与教导而产生心理问题，所以，应建立健全农村孩子的精神援助体系，从心理及习惯上去帮扶援助农村孩子健康成长。

9.6.2　构建治安防范网络

随着城镇化进程的加快，大量的流动人群涌入城市。生活在农村的主要是老人、儿童、妇女等一些弱势群体。居住较为分散，交通不便，自然环境差，从而使这里存在很大的安全隐患，给这些弱势群体和农村都带来了严重的影响。如大部分留守儿童都属于未成年人，缺乏自我保护的意识和能力，当突发事件来临时不知道该如何应变。再者监护人缺乏防范意识，使农村留守儿童容易受到不法分子的教唆和利用，甚至成为不法分子侵害的对象。公安部门统计数据显示，被拐卖儿童群体中，第一位是流动儿童，第二位是留守儿童。女孩受到性侵害又不能及时得到父母帮助，极易酿成严重后果。同时，在一些偏远山区，交通不便，上学路途较远，经常起早摸黑赶路，人身安全令人担忧。同时还有留守妇女、老人也在一定程度上受到了不法分子的残害，这些问题严重影响了农村和谐社会的建设，制约了农村经济的发展，阻碍了新农村建设的步伐。因此，应该构建治安防范网络，解决农村的安全隐患，给农村一个安定、和谐的生活环境。

（1）切实抓好以当地公安机关为主的专业巡逻队伍的建设，以基层派出所民警为队伍骨干，乡村综合治理办公室紧密配合下的专职巡逻队，分配人员划分区域,坚持做到昼夜巡逻,针对农村交通干道、学校等重点部位进行严密的治安防范,要加强重点时段的巡逻,建立农村义务防范小组(由青年村民组成),协调巡逻队的治安防范工作,全面推进针对农村留守人群的治安防范体系。

(2)加强以村组为重点的群众治安防范队伍的建设,调动群防群治的积极性,进一步提高对"点"上的治安防控力度。

(3)切实做好信息化治安防范帮助体系的建设,在农村主要交通干道、要道,学校及公共场所安装必要性的监控装置,以辅助治安巡逻队的安全防范工作,加强治安防范力度,提高农村留守人群的安全感。

(4)农村人群文化素质普遍偏低,法制观念淡薄。政府应该大力宣传安全、法制教育,增强农村留守人群的自我保护意识。

农村的治安与社会主义新农村建设存在着必然的联系,即新农村建设推动着农村治安综合治理的发展,同时农村治安综合治理的发展又支持着社会主义新农村建设,因此,只有将三防结合起来,才能够维护农村的安定,而不至于破坏农村淳朴的民风,扰乱农民的生产、生活秩序,影响农村经济的发展和社会的稳定。

9.6.3　构建矛盾调解网络

由于农村居民居住分散,管理松懈,农民文化水平不高,对许多事情不能够理解,同时农民工进城,留下老人和妇女,长期不与外界交流,也引发了许多家庭矛盾。如干群矛盾、邻里矛盾、婚姻家庭矛盾、宅基地纠纷等引起的打架斗殴、报复伤害事件等,这些矛盾给农村造成了极坏的影响,这样就在一定程度上阻碍了农村经济的发展和和谐社会的建设。因此,必须认真思考构建农村矛盾调解网络。

干群矛盾在农村长期存在,是由于农村留守人群知识层次较低,思想陈旧,对国家政策不了解,从而造成在村干部及上级部门人员与农村留守人群之间矛盾不断。要搞好干群关系的关键点或者说主动权还是在干部身上。作为管理者,如何行使自己的管理责任,把队伍带好,把小组的效益提升上去,是每一级管理者需要认真思考的问题。搞好干群关系,需要有正确的价值观与导向。《中庸》中有这样一段话:在上位,不凌下;在下位,不援上;正己而不求于人。上不怨天,下不尤人,故君子居易以俟命,小人行险以侥幸。其大意是秉承谦和平易之心去做人做事。在走群众路线的同时,静心修德,做好表率与带头作用。怕的不应该是群众的意见,而是不敢正视与面对这些意见。同时,政府也应该通过各种宣传和学习,加大对留守人群的教育,让这些弱势群体知法,学会运用法律来保护自己的合法权益。

　　对于邻里矛盾、婚姻家庭矛盾，要不断建立健全农村调解组织，利用居民村委会进行调节，加大对调解人员的法律培训力度，在调解工作中既要合情合理，又要有法有据，彻底化解农村各种社会矛盾。同时，提高农民的道德观念和法律意识。充分利用广播、电视、公开审理、公开宣判等方式，进行宣传教育活动，促进农村社会风气和治安秩序好转。从而为农村经济的发展提供一个良好环境。

　　总之，不管构建社会援助网络，构建治安防范网络，还是构建矛盾调解网络。其目标都是解决农村内部矛盾，维护农村社会的安定，为农业生产提供一个稳定、良好的环境，只有这样才能把精力集中于发展农村经济、发展乡镇企业，致力于缩小城乡差距，统筹城乡一体化发展，建设社会主义新农村。

参 考 文 献

[1] 孙莹，李振兴. "新型城镇化"背景下旅游古镇的保护欲复兴[J]. 旅游与发展研究，2012，19(20)：211-213.

[2] 四川省住房和城乡建设厅，四川省发展和改革委员会. 四川省新型城镇化规划(2014-2020年)[N]. 四川日报，2015-4-3.

[3] 任保平. 二元经济结构背景下新农村建设的新探索——《新农村视角下福建城乡二元经济结构转换研究》评价[J]. 福建论文(人文社会科学版)，2013，4：191-192.

[4] 陈希涌. 从刘易斯模式引出的我国"民工荒"问题研究[J]. 山东省农业管理干部学院学报，2009，23(6)：11-13.

[5] 赖德盛，李长安. 创业带动就业的效应分析及政策选择[J]. 经济学动态，2009，2：83-87.

[6] 四川省流动人口调查报告——2011年流动人口动态检测调查结果[R]. 四川省流动人口计划生育管理中心，2011.

[7] 马先标. 稳健快速推进城市化中的农村富余人口转移——以农户为单位的转移模式新探讨[J]. 经济社会体质比较，2010，5：98-104.

[8] 徐持平，刘庆，徐庆国. 集中居住对农民生活的影响——基于湖南长沙郊区的农村调查[J]. 湖南农业大学学报(社会科学版)，2010，11(5)：44-49.

[9] 孟凡军. 农村弱势群体的人力资源开发与管理[J]. 南通大学学报(哲学社会科学版)，2004，20(3)：145-149.

[10] 彭娅丽. 我国农村医疗保险存在的问题及解决对策[J]. 法制与社会，2008，3：227.

附表 1　四川省农村土地基本情况

编号	农地资源及利用情况					土地耕作方式		土地流转方式				粮食产量			
	总土地面积/亩	人均土地面积/(亩/人)	总耕地面积/亩	人均耕地面积/(亩/人)	撂荒耕地面积/亩	人工	半人工和半机械化	转包	出租	转让	其他方式	总产量/kg	亩产/(kg/亩)	每户自留/(kg/户)	每户出售/(kg/户)
1	308	2.2	260	2	0		1	1				5600	600	3000	2000
2	2345	3.8	620	1	20						1	310000	500	1400	10
3	1100	0.5	886	0.4	20	1		1				480000	550	2000	0
4	4750	1.45	1600	0.5	0	1		1				960000	600	900	0
5	1451	1.09	1151	0.86	18	1					1	580000	437	1000	400
6	882	0.9	638.2	0.7	210	1		1				200000	0	0	10000
7	3400	8.5	810	2	0	1					1	0	0	0	0
8	1925	1.35	1548	1.07	15	1		1				8974	700	500	0
9	6106	3.02	2106	1.04	422		1		1	1		100000	400	400	50
10	3250	1.12	2930	1.01	65	1				1	1	150000	600	400	200
11	438.8	5.78	388.8	5.1	50	1						328000	1000	2100	0
12	981	1.07	741	0.81	66	1					1	433920	300	43200	8.18
13	57750	24.58	3523	1.5	1.74	1		1				986440	280	160	0
14	12000	5.05	1078	0.45	0	1		1			1	539000	500	830	155
15	34800	14.8	1408	0.6	875	1		1				563200	400	80	320
16	11100	8.74	998.3	0.77	197.6	1		1				395200	400	1200	300

续表

编号	农地资源及利用情况					土地耕作方式		土地流转方式				总产量/kg	亩产/(kg/亩)	粮食产量	
	总土地面积/亩	人均土地面积/(亩/人)	总耕地面积/亩	人均耕地面积/(亩/人)	撂荒耕地面积/亩	人工	半人工和半机械化	转包	出租	转让	其他方式			每户自留/(kg/户)	每户出售/(kg/户)
17	11700	8.76	975	0.73	0	1						390000	400	1200	106
18	2350	0.8	2250	0.8	100	1		1				164000	800	800	6000
19	2130	0.9	2130	0.9	0	1		1				50000	500	0	500
20	4360	0.9	4360	0.9	0	1		1				43600	500	0	500
21	4000	2.2	3000	1.7	1000		1	1				200000	400	4000	600
22	11000	3.6	7000	2.6	40		1					12900000	700	2000	9000
23	2773.5	0.9	1450	0.5	80	1					1	20000	1080	1200	800
24	387.77	0.2	733.93	0.4	0		1	1				460800	1188	0	0
25	3134	0.694	2613	0.579	46	1				1		1692360	540	0	0
26	3522	6.9	522	1	50	1			1			42100	100	310	10
27	942	1.42	691.86	0.78	0	1			1			832553	474	600	200
28	7705	1.79	4423	1.02	0	1		1				1867172	370	1800	400
29	4335	1.51	4246	1.48	0	1			1			2052633	368	1580	691

土地利用率和利用方式	耕地面积/(亩)	人均耕地面积/(亩/人)	耕地撂荒率	人工劳作的比率	半人工和半机械化率	新型土地流转比率	总产量/kg	亩产/(kg/亩)	每户自留/(kg/户)	每户出售/(kg/户)
	55081.09	1.14	5.95%	82.76%	17.24%	61.76%	922605.24	539.42	3243.33	1030.51

附表2 四川省农村收入及农业补贴情况

编号	收入基本情况			收入主要来源				农业补贴方式						每亩获补贴额/元
	村总收入/元	每户收入/元	人均收入/元	农产品	工业经济	乡村旅游	其他	农业服务和基础建设	粮食安全储备补贴	粮食援助补贴	灾害救济补贴	农业保险	环境保护、援助补贴	
1	136000	4000	800				1				1			130
2	650000	2700	900	1			1			1				110
3	11000000	22000	5460	1						1				100
4	7920000	11500	2300		1		1			1				110
5	5099520	12717	3840		1					1				111.8
6	4332870	13977	4659		1		1			1				128
7	1200000	13636	3000			1							1	125
8	4935620	10992.48	3390	1	1		1	1		1				70
9	8740214	14375	4318.29		1					1				92
10	10215040	10560	3520	1						1		1		83
11	531300	2450	700	1						1				115
12	3473000	7780	3800				1			1				115
13	4463100	7600	1900				1		1				1	100
14	4839912	8848	2037		1		1		1				1	100
15	5062288	10416	2156				1		1				1	100
16	6220000	15000	3000		1		1		1				1	100

续表

编号	收入基本情况			收入主要来源				农业补贴方式						每亩获补贴额/元
	村总收入/元	每户收入/元	人均收入/元	农产品	工业经济	乡村旅游	其他	农业服务和基础建设	粮食安全储备补贴	粮食援助补贴	灾害救济补贴	农业保险	环境保护援助补贴	
17	1335996	4366	1000				1		1				1	100
18	350000	18000	4500	1						1				107
19	463000	10200	2500	1						1				107
20	8348000	10000	2000	1						1				107
21	8000000	80000	7000	1							1			40
22	5300000	20000	5000	1				1			1		1	600
23	3082000	4100	1100	1				1			1			95
24	—	—	—				1							125
25	30968206	25446.3	6862		1		1				1			123.82
26	1120000	6294	3485		1				1					65.56
27	19490000	26094	8698		1		1		1	1				405
28	48000000	38000	7491	1						1				360
29	15867000	17552	5519	1						1				360
收入情况合计	15307		3604.8	13 44.83%	9 31.03%	1 3.45%	14 48.28%	3 10.34%	7 24.14%	16 55.17%	5 17.24%	1 3.45%	7 24.14%	147.8

附表 3　四川省农村社会建设发展现状

编号	村民参保形式					新型农村合作医疗			农村基层合作形式	目前农村社会发展突出问题				制约农村发展因素			
	养老	新医疗	低保	失地	其他	村民参保率/%	个人支出/(元/年)	集体支出		治安	乡风文明	计划生育	村容村貌	农业收入低	劳动力短缺	政策支持	基础设施
1	1	1				95	30	0					1				1
2		1				100	50	0					1	1		1	1
3		1				95	50	0	蔬菜协会　生猪养殖		1	1		1		1	1
4	1	1				100	30	0	妇代会　老协			1				1	1
5		1				97	50	0					1	1			
6	1	1	1			100	30	0					1	1	1	1	
7		1	1			95	30	1					1				1
8	1	1	1			90	33.7	0	承包	1			1	1	1		1
9		1	1			90	30	1	承包　转租	1				1			
10	1	1	1			97.8	36	0	承包	1				1	1		1
11		1	1			90	30	0				1		1			1
12	1	1	1			100	30	0				1		1	1		1
13	1	1	1			48.6	20	0					1	1		1	1
14	1	1	1			78	20	0	村委会		1			1			
15	1	1	1			90	30	0	村委会		1	1		1		1	1
16	1	1	1			97	30	0	村委会		1	1		1		1	1
17	1	1	1			100	30	0	村委会			1		1		1	1
18	1	1	1			90	30	1		1		1		1	1		1

续表

编号	村民参保形式					新型农村合作医疗			农村基层合作形式	目前农村社会发展突出问题						制约农村发展因素	
	养老	新医疗	低保	失地	其他	村民参保率/%	个人支出/(元/年)	集体支出		治安	乡风文明	计划生育	村容村貌	农业收入低	劳动力短缺	政策支持	基础设施
19	1	1	1			90	30	1	农合	1					1		1
20	1	1	1			90	30	1	农合	1					1		
21		1				100	600						1	1			
22	1	1	1			79	300	1	自愿组织 人情		1		1	1		1	1
23		1	1			90	30	0		1	1	1	1	1		1	
24		1		1		99	30	0		1	1	1	1				1
25		1			1	97.9	30	0	村民小组			1			1	1	1
26		1				96	30	1		1				1	1		1
27	1	1	1			100	40	1	农民专业合作社 农民专业合作协会					1		1	1
28	1	1	1			90	40	0	优质杏产业协会 农民专业合作协会		1						1
29	1	1	1			83.6	40	0	四季鲜专业合作社 鑫锋合作社	1		1		1		1	1
合计	13	28	13	1	1	92.03%	67.78	31.03%	农村基层合作形式	10	8	12	14	23	8	11	17
	44.83%	96.55%	44.83%	3.45%	3.45%					34.48%	27.59%	41.38%	48.28%	79.31%	27.59%	37.93%	58.62%

附表 4 四川农村人口的基本情况

序号	人口基本情况			劳动力状况		人口年龄构成			性别构成		受教育程度				
	总人口/人	总户数/户	平均每户人数/人	劳动力人数/人	外出务工人数/人	0~14岁/人	15~65岁/人	>65岁/人	男/人	女/人	大学(大专)/人	高中/人	初中/人	小学/人	文盲/人
1	168	34	5	70	40	25	105	38	98	70	10	40	88	22	8
2	626	237	3	360	70	84	420	122	319	307	4	40	210	342	30
3	2192	564	4	1200	500	321	1380	491	1180	1012	72	152	600	1350	18
4	3260	689	5	1800	1200	503	2277	480	1629	1631	80	190	1800	1120	70
5	1328	401	3	586	351	406	640	282	701	627	35	82	481	570	160
6	945	310	3	662	410	140	590	215	530	415	51	62	121	350	361
7	400	88	4	261	158	22	320	58	221	179	5	12	160	220	3
8	1452	449	3	732	313	330	726	396	840	612	94	247	413	291	407
9	2024	608	3	672	680	680	672	672	1007	1017	81	163	1189	463	128
10	2902	452	3	1450	525	954	1085	863	1672	1230	284	736	1059	523	300
11	759	216	3.5	314	250	152	455	152	379	380	10	30	150	493	76
12	914	226	4	690	483	132	586	196	460	454	14	102	586	40	172
13	2349	630	4	950	620	470	1175	704	1409	940	7	30	807	1320	185
14	2376	547	4	878	125	242	1921	213	1232	1144	52	125	872	1221	106
15	2348	486	5	1230	1020	587	1555	206	1291	1057	12	201	410	1695	30
16	1269	311	4	646	463	314	751	204	656	613	7	21	187	903	151

续表

序号	人口基本情况			劳动力状况		人口年龄构成			性别构成		受教育程度				
	总人口/人	总户数/户	平均每户人数/人	劳动力人数/人	外出务工人数/人	0~14岁/人	15~65岁/人	>65岁/人	男/人	女/人	大学(大专)/人	高中/人	初中/人	小学/人	文盲/人
17	1336	306	4	534	185	267	879	190	755	581	10	106	635	390	195
18	3280	989	4	1690	1001	490	2290	500	1648	1632	187	698	1684	593	118
19	2348	730	4	1200	840	318	1650	380	1240	1108	105	656	1035	442	110
20	4174	1250	3	2350	1680	699	3055	420	2085	2089	210	670	1879	1285	130
21	1750	350	5	1000	750	857	850	43	1100	650	70	145	400	700	435
22	1194	292	4	520	290	170	973	51	600	594	18	49	320	420	387
23	3082	1518	3	1200	600	715	1337	1030	2100	982	150	370	1120	1197	245
24	1958	553	3	959	670	412	950	596	1180	778	71	192	670	898	127
25	4513	1217	3.7	2835	1897	826	3231	456	2262	2251	64	225	1876	2122	226
26	514	136	3.78	260	40	50	382	82	270	244	6	36	272	120	80
27	2311	729	3.17	1639	277	52	1526	733	1331	980	69	1350	719	159	14
28	4295	1249	3.4	2640	1080	237	3672	386	2361	1934	18	1187	1998	884	208
29	2878	904	3.18	2201	1159	341	2259	278	1496	1382	73	201	612	1928	64
合计	总人口/人 58945	总户数/户 16471	户均人数/人 3.58	户均劳动力人数/人 1.91	户均外出务工人数/人 1.07	0~14岁占比 18.32%	15~65岁占比 63.97%	>65岁占比 17.71%	男占比 54.38%	女占比 45.62%	大学(大专)占比 3.17%	高中占比 13.77%	初中占比 37.92%	小学占比 37.43%	文盲占比 7.71%

新型城镇化中农村人口问题调查

（问卷Ⅰ）

_____市_____（县/区/市）_____镇_____村

是否为新农村建设村：A是　　B否

人口

1.总人口：_____个；总户数：_____户；平均每户人数：_____个。

2.分年龄人口：0～14岁_____个；15～65岁_____个；>65岁_____个。

3.性别：男_____个；女_____个。

4.受教育程度：大学(大专)_____个；高中_____个；初中_____个；

小学_____个；文盲_____个。

土地

5.总土地面积：_____亩；人均土地面积：_____亩/人。

6.总耕地面积：_____亩；人均耕地面积：_____亩/人；撂荒耕地面积：_____亩。

7.土地耕作方式主要是（　　）。

A人工耕作为主　　B机械化耕作为主　　C半人工半机械化耕作

8.土地流转形式主要是（　　）。

A转包　　B出租　　C互换　　D转让　　E其他_____

9.粮食产量：总产量_____kg；亩产_____kg/亩；

每户自留粮食_____kg/户；每户出售粮食_____kg/亩。

收入

10.村总收入_____元/年；每户收入_____元/年；人均收入_____元/年。

11.目前村里经济收入主要来源是（　　）。

A农产品外销　　　　　　　　B村里进驻工厂带来的经济效益

C旅游业　　　　　　　　　　D其他_____

12.农业的补贴形式有（　　）。

A一般农业服务和基础设施建设　　B粮食安全储备补贴

C粮食援助补贴　　　　　　　　　D自然灾害救济补贴

E 收入保险计划　　　　　　　　F 农业环境保护、地区援助补贴

13. 平均每亩耕地能获得补贴_____元/亩。

支出

14. 村总支出_____元/年；每户支出_____元/年；人均支出_____元/年。

15. 全村医疗卫生支出人均_____元/年。

16. 适龄儿童教育支出人均_____元/年。

农村社会建设

17. 目前本村村民参保的主要项目有(　　　　)。

A 养老保险　　　B 新农合医疗保险　　　C 低保

D 失地保障　　　E 其他_____

18. 全村参加新型农村合作医疗_____人，参保率为_____%；

其中个人支出_____元/年，集体支出_____元/年。

19. 农村基层合作组织的形式：_____、_____、_____。

20. 目前农村管理遇到的突出问题(　　　)。

A 治安　　　B 环境卫生　　　C 计划生育　　　D 干部队伍老化

21. 制约农村发展的主要因素(　　　)。

A 农业收入低、资金缺乏　　　B 劳动力(人才)缺失　　　C 国家政策支持不够

新型城镇化中农村人口问题调查

（问卷Ⅱ）

老人专题（65 岁以上）

性别：A 男　　B 女　　年龄_____岁　　配偶：A 健在　　B 已故
文化程度：A 文盲　B 小学　　C 初中　　D 高中或中专　　E 大专及以上
子女数量：_____　　孙子（女）数量：_____

1.您平时生活的主要内容有哪些？（多选）
A 耕地、务农　　B 带小孩　　C 打临时工、做土工
D 串门、聊天、打麻将娱乐　　E 无聊　　F 其他_____
2.您每月的收入是多少？
A 100 以下　　B 101～500　　C 501～1000　　D 1001～2000　　E 2001 以上
3.您的生活费用主要来自哪里？（多选）
A 往年积蓄　　B 子女供给　　C 耕作等劳动所得
D 养老保险　　E 政府、社会救济（低保）　　F 其他
4.您是否还种地？　　A 种　　B 不种（如果回答 A 则继续答下面两空）
种_____亩；种地的收入为_____元。
5.您健康状态如何？
A 很健康　　B 一般　　C 有慢性病　　D 有严重疾病
6.您参加了哪些社会保险？（多选）
A 没有参加任何保险　　B 参加了新农合医疗保险
C 参加了养老保险　　D 参加了其他保险
7.您现在居住的房子怎样？
A 土砖房，漏风漏雨　　B 土砖房，能遮风挡雨　　C 砖瓦房
D 水泥板平房、小洋楼　　E 其他_____
8.您现在最需要的是什么？（多选）
A 金钱支持　　B 儿女的探望和精神慰藉　　C 社会保险
D 劳动力　　E 其他_____
9.您感觉您晚年生活幸福吗？
A 不幸福　　B 一般　　C 幸福

10. 您认为新农村建设对提升您的生活水平有作用吗?

A 有很大作用　　　B 有一点作用　　　C 没什么作用(没感觉)

女性专题(重点是丈夫在外打工的妇女)

年龄＿＿＿＿＿＿岁　　您丈夫：A 在家　　　B 在外务工　　　C 离异

文化程度：A 文盲　　　B 小学　　　C 初中

　　　　　　D 高中或中专　　　E 大专及以上

子女数量：＿＿＿＿＿＿个　　是否有过外出打工的经历?　　A 有　　　B 没有

1. 您平时生活的主要内容有哪些?（多选）

A 耕地、务农　　　　　B 带小孩　　　　C 抚养、照顾老人

D 打工、上班或从事临时性服务业　　　　E 其他＿＿＿＿＿＿＿

2. 您每月的收入是多少?

A 100 以下　　　　　B 101～500　　　　　C 501～1000

D 1001～2000　　　E 2001 以上

3. 您家庭的年收入是多少?＿＿＿＿＿＿＿元。

4. 您丈夫每年务工能赚多少钱?

A ＜500　　　　　　B 501－1000　　　　C 1001－2000

D 2001－3000　　　E 3001－5000　　　F ＞5000

5. 家中承包地如何处置的?

A 自己耕种　　　　　　　　　　B 转租别人耕种

C 耕地由集体经济组织收回　　　　D 撂荒，无人耕种

6. 您健康状态如何?

A 很健康　　　B 偶尔有小毛病　　　C 有慢性病　　　D 有严重疾病

7. 您参加了哪些社会保险?（多选）

A 没有参加任何保险　　　　　　　B 参加了新农合医疗保险

C 参加了养老保险　　　　　　　　D 参加了其他保险

8. 您对现在居住条件满意吗?

A 很不满意　　　B 不满意　　　C 满意　　　D 很满意

9. 您和公公婆婆(老人)相处的关系如何?

A 矛盾很大，经常吵架　　　　　　　B 有些小矛盾，偶尔吵架

C 平平淡淡，没啥感觉　　　　　　　D 很融洽、和谐，都很开心

10. 您与丈夫的沟通方式?（多选）

A 以电话为主　　　B 我去城里探望　　　C 丈夫回家探亲　　　D 基本没有沟通

11. 您现在最需要的是什么？（多选）

A 金钱支持　　　　　　　　　　　　B 丈夫的帮助和精神慰藉

C. 健康（医疗、社会）保险　　　　　　D 其他

12. 您感觉您现在生活幸福吗？

A 很不幸福　　　　B 不幸福　　　　C 比较幸福　　　　D 很幸福

儿童专题（重点针对父母在外打工的儿童）

性别：A 男　　B 女　　年龄_____岁　　兄弟姐妹数量：_____个

1. 你正在接受的教育是？

A 幼儿园　　　　　B 小学　　　　　C 初中　　　　　D 辍学

2. 主要是谁在照顾你？

A 爷爷或奶奶、外公或外婆　　B 妈妈或爸爸　　　　C 其他亲戚

3. 你和爸爸妈妈多久见面一次？

A 经常（每周）　　　B 一个月内　　　C 仅寒暑假见面　D 一年及以上

4. 你的饮食条件如何？

A 吃得饱并且吃得好　　　　　B 仅能吃饱　　　　　C 不能吃饱

5. 你的成绩如何？

A 刻苦，成绩很好　　　　　　B 刻苦，但成绩不好

C 一般　　　　　　　　　　　D 不想学习，成绩不好

6. 你感觉老师关不关心你？

A 不关心，对我不好　　　　　B 关心、对我很好

7. 你课余时间干什么？（多选）

A 做家务　　　　　B 找同学同伴玩　　　　C 看电视或上网

D 看课外书　　　　E 其他_____

8. 你做家务活吗？

A 天天做　　　　　B 做一点点　　　　　C 基本不做

9. 你现在最需要的是什么？（多选）

A 零花钱　　　　　B 爸爸妈妈的关心　　　C 课外学习书籍

D 好吃的　　　　　E 其他

10. 你感觉你现在开心快乐吗？

A 很不快乐　　　　B 不快乐　　　　C 比较快乐　　　　D 很快乐

11. 如果你不开心不快乐，是为什么？（多选）

A 学习不好　　　　B 爸妈不在身边关心我　　C 没人和我玩

D 家务事太多　　　　E 其他_____

12.你对现在家里的条件满意吗？

A 很不满意　　　　　B 不满意　　　　　C 满意　　　　　D 很满意

13.你觉得社会公平吗？自己未来有希望吗？

A 不公平，没希望　　　　　　　　　B 公平，有希望

新型城镇化后农村人口发展模式与内在机理研究调查提纲
问卷Ⅲ（村集体卷）

_____市_____（县/区/市）_____镇_____村

是否为新农村建设村：A 是　　B 否

1. 村总人口、总户数、总劳动力数是多少？村中外出务工人员有多少？主要集中在哪个年龄阶段？同时外出的女性劳动力有多少？外出打工对农村发展有什么影响？留守人员人数以及生活水平如何？

2. 村中的养老、医疗、最低生活保障等社会保障种类与比例？是否能真正解决村民需求？

3. 当地的耕地现状（耕地面积、利用类型、流转形式）如何？你们村有无占用耕地用于建房的现象？撂荒耕地总数以及原因？耕地保护政策有哪些，这些政策的实施对于耕地保护和利用的实际效果怎样？

4. 当地农业补贴有哪些形式？发放情况怎样？能否提高农民种地的积极性？

5. 城乡建设用地增减挂钩试点落实情况如何？

6. 在城镇扩建的过程中，村中被征用的土地有多少？征用补偿的标准是什么？补偿是否到位？历年来征地速度和数量对农村发展的影响如何？

7. 你认为现在的农村交通、水利工程等能满足当前农业生产需要吗？

8. 现代农业（良种、机械、技术推广等）生产方式在你们村中的利用情况如何？

9. 村子的总收入是多少？总支出是多少？主要收入来源？

10. 贵村是否受到三支一扶政策和大学生村官政策影响，这些政策对村子的发展有没有贡献？

11. 村里上大学的有多少人？有没有回乡就业的？

12. 贵村的组织机构设置如何？这样的机构设置能否满足农村日常工作运行？

13. 请谈谈贵村农业合作组织的具体情况以及发展与前景。

14. 请谈谈新农村建设（房屋道路、村容村貌）的效果与目标。

15. 城镇化过程对你们村有哪些有利的因素？哪些不利的因素？

16. 支持本村发展的主要资源是什么？贵村和附近村子相比的优势是什么？结合这些优势说说你们村今后该怎么发展。

索　引